너랑 나랑 더불어 학교
에너지

두 얼굴의 에너지, 원자력

김성호 글 | 정지원 그림

길벗스쿨

너랑 나랑 더불어 학교를 펴내며

우리 모두는 고민이 있어요
그 고민을 외면하지 않고 함께하면
더불어 행복해져요

"어릴 때 큰 사고가 나서 다리가 불편해졌어요.
그걸 보고 애들이 자꾸 놀리고 따돌려요." – 일본 어린이, 11세

"놀고 싶어요. 학교가 끝나면 바로 학원에 가고,
늦게 집에 오면 또 숙제를 해야 해요." – 대한민국 어린이, 13세

"내가 살던 곳에 전쟁이 나 피란을 왔어요.
전쟁 때문에 동생을 잃었어요." – 우간다 어린이, 15세

"이제 여덟 살이 되었지만 집이 가난해서 학교 대신
공장에 가서 일을 해야 해요." – 파키스탄 어린이, 8세

"몸이 가렵고 따가워서 매일 울어요.
환경이 오염돼 생기는 피부병이래요." – 프랑스 어린이, 7세

세계 여러 나라의 어린이들이 들려준 이야기예요. 비슷한 나이인데도 고민이 참 다양합니다. 이런 이야기들을 듣노라면 세상은 넓고 복잡한 일은 많다는 걸 깨닫게 돼요. 그러니까 세상 사람들 누구나

고민과 어려움이 있다는 걸 말이에요.

'너랑 나랑 더불어 학교'에서는 세상 속에 더불어 살아가는 여러 친구들의 이야기를 담았어요. 그중에는 인권과 환경, 빈곤, 건강, 전쟁 등의 이야기도 있습니다. 이런 문제들이 나와는 별로 상관없는 먼 나라나 어른들만의 이야기라고 생각될지 몰라요. 그러나 세계 친구들이 들려준 이야기처럼 사회 곳곳에서 일어나는 이런 문제들은 여러분의 생활과 깊은 관련이 있어요. 여러분 또래의 어린이들이 지금 겪고 있거나 앞으로 겪을 일일 수도 있어요. 학교에서, 동네에서, 버스와 지하철에서 만나는 사람에게도 일어날 수 있는 일이지요. 부모님께 털어놓기 힘든 비밀이나 고민이 될 수도 있고요.

책에 나온 이야기와 비슷한 일들이 여러분 주위에서 벌어지고 있지는 않은지 한번 둘러보세요. 작은 관심을 갖기 시작하면 남을 배려하고 이해할 수 있게 된답니다. 이것은 여러분 삶을 스스로 지키고 더욱 행복하게 만드는 방법이기도 해요.

이 책은 꼭 정답을 말하고 있지는 않아요. 누구에게나 일어날 수 있는 이야기들을 읽으며 공감하는 사이, 스스로 생각하고 판단하는 능력이 생길 거라 믿어요. 그렇게 떠오른 생각들을 친구, 부모님, 선생님과도 함께 나누고 토론해 보길 바랍니다.

머리말

좀 더 나은 내일을 위한 선택

지난 2011년 일본 후쿠시마에서 원자력 발전소 사고가 일어난 뒤로 원자력과 원자력 발전소에 대한 관심이 급격하게 높아졌어요. 제 주변에도 저에게 이런 질문을 하는 사람들이 부쩍 늘어났어요.

"핵분열이 뭐야?"

"핵분열로 어떻게 전기를 만들어?"

"원자력 발전소와 핵 발전소는 뭐가 달라?"

하지만 사람들이 가장 알고 싶어 하는 건 '안전'이었어요.

"일본 생선이나 채소를 먹어도 돼?"

"텔레비전에서는 원자력이 깨끗하고 안전한 에너지라는데, 왜 저 사람들은 위험하니 없애야 한다고 맨날 시위를 하지?"

"도대체 누구 말이 맞아?"

원자력 발전소를 둘러싼 의혹은 우리나라만이 아니에요. 독일이 2014년에 탈핵을 선언한 뒤로 세계는 탈핵을 주장하는 사람들과 원자력 발전소를 유지해야 한다는 사람들로 나뉘었어요. 우리나라도 마찬가지고요.

사실 원자력 발전소를 없애는 일이 간단한 문제는 아니에요. 우리나라는 원자력에 의존하는 비중이 세계에서 네 번째로 높은 국가예

요. 원자력 발전소를 없애거나 줄인다면 전력난과 비싼 전기 요금을 각오해야 하지요.

그렇다고 나날이 쌓여만 가는 위험천만한 핵폐기물과 낡아서 고장이 잦은 원자력 발전소를 지켜보는 것도 가슴 졸이는 일이에요.

우리는 어떤 선택을 해야 할까요?

찬성을 하든 반대를 하든 선택을 하기에 앞서, 우선 원자력을 알아야 합니다.

대체 원자력이란 무엇인지, 원자력이 어떻게 생겨나고 발전했는지, 원자력 발전소의 구조와 원리는 무엇이고 장점과 단점은 무엇인지 등을 정확히 이해해야 하지요.

이 책이 원자력을 이해하는 데 도움이 되고, 앞으로 어떤 선택을 하는 데 참고가 되기를 바랍니다.

끝으로 이 책이 나올 수 있도록 도와주신 길벗스쿨 분들과 응원해 주신 고향의 부모님께 감사의 말씀을 전하고 싶습니다.

2016년 어느 여름날, 원주에서
김성호

차례

너랑 나랑 더불어 학교를 펴내며 4

머리말 좀 더 나은 내일을 위한 선택 6

1장 후쿠시마에서 날아온 재앙

후쿠시마 원자력 발전소 사고 12

막을 수 있었던 후쿠시마 사고 18

우리나라의 원자력 발전소 25

2장 에너지가 된 원자 폭탄

원자로 이루어진 세상 32

우라늄의 발견 40

전쟁을 위해 만들어진 에너지 45

평화적으로 사용하기 위한 방법 55

3장 원자력 발전소 이야기

우라늄 광석이 전기로 만들어지기까지 68

☢ 그것도 알고 싶다 | 밀양 시민들은 왜 송전탑을 반대할까? 78

겹겹이 쌓아 만든 원자력 발전소 80

☢ 그것도 알고 싶다 | 체르노빌 원자력 발전소 사고 84

4장 원자력이 뱉어 내는 독, 방사능

우리 주변 곳곳에 있는 방사선 **90**

안전한 방사능이 있을까? **104**

 그것도 알고 싶다 | 원전을 상대로 소송한 사람들 **112**

무시무시한 쓰레기, 방사성 폐기물 **113**

5장 두 얼굴의 원자력 에너지

원자력은 깨끗한 에너지일까, 아닐까? **130**

원자력은 싼 에너지일까, 비싼 에너지일까? **136**

사용 후 핵연료를 다시 쓸 수 있다, 없다? **142**

원자력 발전소는 안전할까, 위험할까? **149**

 그것도 알고 싶다 | 쓰리마일 원자력 발전소 사고 **157**

6장 내일을 위한 선택

원자력의 미래와 우리의 선택 **160**

참고 문헌 **166**

1장
후쿠시마에서 날아온 재앙

후쿠시마 원자력 발전소 사고

재앙의 시작

2011년 3월 11일 오후 2시 46분, 일본의 후쿠시마 해안에서 120킬로미터 떨어진 깊은 바닷속에서 초대형 지진이 일어났습니다. 규모 9.0! 인류가 지진을 관측한 이래 네 번째이자 일본 역사상 가장 큰 지진이었어요.

그리고 9분이 지났을 때였어요. 지진이 만들어 낸 거대한 파도가 후쿠시마 해안에 들이닥쳤어요. 그곳에는 네모난 성냥갑 모양을 한 원자력 발전소 10기가 나란히 서 있었어요.

원자력 발전소는 강가나 해안가에 지어져요. 원자력 발전소는 우라늄이라는 핵연료를 사용해 전기 에너지를 생산하는데, 이 과정에서 엄청난 열이 발생해요. 그래서 물로 쉴 새 없이 발전소를 식혀 줘야 해요. 자그마치 1초에 2리터짜리 큰 생수병 4만 통의 물이 필요하지요. 양동이나 바가지로는 어림도 없고 전기 펌프로 강물이나 바닷물을 쭉쭉 빨아들여야 해요.

그런데 정전이 나서 전기 펌프가 작동하지 않으면 어떻게 될까요? 열을 식히지 못한 원자력 발전소는 점점 달아오르다가 결국 폭발하고 말아요. 그래서 원자력 발전소에는 비상용 발전기를 갖추고 있어요.

후쿠시마 원자력 발전소의 경우 해안가에 높이 10미터의 방파제(파도를 막기 위한 둑)도 쌓아 뒀어요. 혹시나 파도가 발전소를 덮쳐 정전이라도 되면 낭패거든요.

"방파제 높이가 10미터면 충분하겠지?"

"그럼, 걱정 마."

하지만 두 번째 파도가 밀려왔을 때, 후쿠시마 원자력 발전소 직원들은 넋이 빠졌어요. 무려 15미터가 넘는 파도가 시속 110킬로미터로 맹렬히 달려오고 있었거든요.

파도는 방파제를 허들 선수처럼 가볍게 뛰어넘어 끝내 발전소를 덮쳤어요. 발전소는 순식간에 물바다가 되었고 발전소에 전기를 공급하던 전신주가 넘어지면서 전기마저 끊겨 버렸어요. 비상용 발전기도 물에 젖어 사용할 수 없었어요. 전기를 만드는 발전소에서 전기가 없어서 펌프를 돌리지 못하다니!

이 어이없는 소식은 곧장 뉴스와 인터넷을 통해 세계로 퍼져 나갔어요. 인류는 바짝 긴장했어요. 전기 펌프가 작동하지 않는다면 발전소를 식힐 방법이 없어요. 이대로 두면 폭발할 게 불을 보듯 뻔했어요.

원자력 발전소가 폭발하면 인체에 치명적인 **방사선**이 뿜어져 나와요. 방사선이 퍼지기 시작하면 일본 한 나라만의 문제가 아니라 전 세계에 영향을 끼치는 대형 사고가 돼요. 어떻게든 발전소를 식혀야 했어요. 일본 정부는 소방차와 헬리콥터까지 동원해 필사적으로 물을 쏟아 부었어요. 하지만 소용없는 일이었어요. 삑삑, 발전소 바깥에서 방사능 수치가 급격하게 올라가기 시작했어요. 최악의 상황이었어요.

폭발과 함께 퍼진 방사능

오후 7시, 일본 정부는 비상사태를 선포했어요. 그리고 후쿠시마 원자력 발전소 주변에 살던 주민들에게 20킬로미터 밖으로 대피하라고 지시했어요. 전 세계 방송국은 실시간 속보라는 자막을 띄우고 후쿠시마 상황을 온종일 알렸어요.

다음 날 오후 3시 36분, 70억 인류가 텔레비전으로 후쿠시마 상황을 지켜보고 있었어요. 그 순간, 첫 번째 원자로가 허연 수증기를 내뿜으며 폭발했어요. 이것이 신호탄이라도 된 듯 37시간 동안 3기의 원자로가 허연 수증기를 내뿜으며 잇달아 폭발했어요. 도대체 이 허연 수증기의 정체는 무엇일까요?

원자로 안에는 핵연료가 들어 있어요. 핵연료는 지르코늄이라는 금속 물질로 감싸져 있어요. 핵연료에서 방사성 물질이 나오는 걸 막기 위해 보호막 역할을 하는 거죠. 그런데 원자로의 온도가 올라가면 지르코늄이 녹아 버려요. 달군 프라이팬에 올린 버터처럼 말이에요. 지르코늄이 녹으면 수소가 튀어나오는데, 수소는 공기 중의 산소와 만나면 폭발하는 성질이 있어요. 원자로에서 뿜어져 나온 허연 수증기는 바로 수소가 폭발하던 것이었어요. 수소의 폭발은 핵연료의 누출을 의미하는 것이었죠.

후쿠시마 주변은 방사능 수치가 단숨에 1,000배 넘게 올랐어요. 가만히 서 있어도 목숨을 잃는 위험한 수준이죠. 흙에서는 핵무기의 원료인 플루토늄과 백혈병의 원인이 되는 스트론튬 및 돌연변이를 일으키는 세슘까지 무더기로 나왔어요.

또 일부 방사성 물질은 바람을 타고 남쪽으로 200킬로미터나 떨어진 도쿄까지 날아갔어요. 도쿄의 방사능 수치는 순식간에 2배로 올랐어요. 방사성 물질이 일본 전 지역으로 퍼지고 있었어요.

막을 수 있었던 후쿠시마 사고

드러나는 진실

"그때 저는 수도인 도쿄를 포함해 3,000만 명을 대피할 계획을 세웠습니다."

당시 일본 총리가 이런 생각을 했을 정도로 상황은 심각했어요. 불행 중 다행으로, 더 이상 폭발은 일어나지 않았어요. 목숨을 걸고 원자력 발전소에 물을 뿌린 소방대원들과 많은 사람들의 노력 덕분이었죠.

한숨 돌린 일본 정부는 망가진 후쿠시마 지역을 예전 모습으로 되찾으려는 계획을 세웠어요. 그런데 얼마나 많은 사람이 죽거나 다쳤는지, 피해 규모가 어느 정도인지 전문가마다 의견이 달랐어요. 일본 땅의 절반 이상이 방사능에 오염되었을 거라 추측하는 사람도 있었고, 그보다 훨씬 적다고 주장하는 사람도 있었어요. 사망자가 계속 늘어날 거라는 사람과 지나친 걱정이라는 사람, 피해를 복구하는 데 100년은 족히 걸린다는 사람과 지금도 빠르게 피해가 줄고 있다고 말하는 사람까지.

이렇게 옥신각신하는 사이에 시간은 흘렀어요. 3년 뒤, 일본 정부는 후쿠시마에 일반인들이 드나들 수 있게 하였고, 후쿠시마에서 생산된 농수산물을 먹어도 괜찮다고 홍보하기 시작했어요.

많은 일본 사람들이 정부의 말을 믿고 안심하기 시작했어요. 하지만 반대로 고개를 갸우뚱거리는 사람들 또한 늘어나기 시작했죠. 감추어졌던 사실들이 하나둘 드러났기 때문이에요.

폐허가 된 후쿠시마
2011년 3월, 쓰나미가 덮친 후쿠시마의 모습. 지난 5년 동안 340조 원에 달하는 비용이 복구하는 데 쓰였다. 하지만 여전히 많은 사람들이 피난 생활을 하고 있다.

안전보다 이익이 먼저였던 회사

가장 먼저 폭발한 후쿠시마 제1원자력 발전소의 1호기는 도쿄전력이라는 회사가 1971년에 세웠어요. 원자력 발전소는 30~40년 정도가 평균 수명이에요. 1호기의 수명은 2011년 2월. 따라서 사고가 일어나기 한 달 전에 문을 닫아야 했어요.

하지만 도쿄전력은 원자력 발전소의 가동을 멈추는 게 영 내키지 않았어요. 원자력 발전소 하나가 없어지면 그만큼 돈을 못 벌 테니까요. 그래서 도쿄전력은 1호기의 가동을 10년 더 늘려 줄 것을 일본 정부에 부탁했고, 일본 정부는 이를 허락해 주었어요.

자동차나 휴대폰도 오래되면 자주 고장이 나요. 원자력 발전소도 마찬가지예요. 낡은 원자력 발전소를 계속 사용하다 보니 곳곳에서 문제가 튀어나왔어요. 직원들은 안전에 문제가 있다고 수차례 보고했지만 회사는 이를 무시했어요.

지진이 일어나기 3년 전인 2008년, 도쿄전력의 직원들은 후쿠시마 주변의 땅을 조사하다가 놀라운 사실을 알아냈어요.

"몇 백 년 전에 이 지역에 15미터 높이의 해일이 있었구나!"
"어쩌지? 방파제는 겨우 10미터인데……."

직원들은 방파제를 5미터 더 높이자고 회사에 의견을 냈어요. 하지만 이번에도 거절당했습니다.

"몇 백 년 전에 그랬다고 또 그러겠어?"

"방파제를 높이려면 돈이 얼마나 드는지 알아?"

만일 도쿄전력이 예정대로 후쿠시마 1호기를 폐쇄했더라면 어땠을까요? 직원들의 의견을 듣고서 방파제를 높였더라면요? 돈을 아끼려다 결국 돌이킬 수 없는 끔찍한 일이 벌어진 셈이죠.

도쿄전력의 잘못은 이것뿐만이 아니었어요. 지진이 일어나자 도쿄전력은 주민들에게 별일 없을 거라고 말하고는 자기 직원과 가족을 대피시킨 사실까지 드러났어요.

주민들은 삶의 터전을 잃었고, 하루하루를 공포 속에서 떨어야 했어요. 평생 동안 일군 재산을 잃고 수많은 사람들이 다치고 죽었지요. 그런데도 회사 책임자나 정부 관리는 재판을 받지 않았어요. 그저 피해자들에게 보상금을 주는 것으로 그쳤을 뿐이죠.

원전 마피아

2020년 올림픽은 일본의 수도 도쿄에서 열려요. 일본 정부는 후쿠시마 사고가 올림픽에 나쁜 영향을 줄까 봐 전전긍긍하고 있어요. 외국인들이 일본에 여행하러 오지 않을까 봐 몹시 걱정하지요.

외국 눈치도 봐야 하지만 일본 국민들도 안심시켜야 해요. 일본 정부는 후쿠시마 사고가 이제 대부분 수습되었으며 먹거리 또한 안전하다고 떠들지요. 여기에 강력하게 항의하는 일본인들은 많지 않아요. 도리어 누군가 원전 문제로 목소리를 높이면 눈치 없는 사람이 되기도 하지요. 그러면서도 많은 일본인들은 마트에서 식품을 고를 때 후쿠시마에서 난 식품은 가급적 피해요.

정치가는 물론 신문과 방송, 학자들도 후쿠시마 원자력 발전소에 대해서는 약속을 한 듯 침묵해요. 사람들은 그들을 향해 이렇게 비아냥거립니다.

"원전 마피아들!"

마피아란 서양의 범죄 조직을 말해요. 우리나라도 그렇지만 일본에도 원자력 발전소에 반대하는 사람들이 적지 않아요. 일본은 1945년에 미국에게 두 번이나 원자 폭탄 공격을 받았어요. 그래서 일본 사람들은 원자력이 얼마나 무서운지 잘 알고 있어요.

원자력에 반대하는 목소리가 커지자 도쿄전력을 비롯 원자력 발전소를 소유한 거대 기업들은 정치인과 신문사, 방송국 그리고 대학교에 돈을 뿌려댔어요. 정치인과 정부 관계자들에게는 원자력 발전소를 운영하는 데에 유리한 법과 정책을 만들어 줄 것을, 언론에는 원자력의 장점 위주로 보도해 줄 것을, 교수들에게는 원자력

이 꼭 필요하다는 내용을 학생들에게 가르칠 것을 부탁했지요. 이런 식으로 원자력 발전소 회사가 힘센 자기편을 잔뜩 만들어 두는 것. 이것을 **원전 마피아**라고 불러요.

후쿠시마산, 위험한 먹거리

후쿠시마 사고가 일어나고 두 달 뒤에 일본 총리는 원자력 발전소를 모두 폐쇄하겠다고 발표했어요. 그러나 그 총리는 얼마 후 쫓겨나고 말았어요. 새로 뽑힌 총리는 원자력 발전소를 가동하겠다며 말을 바꾸었어요. 일본에서 쓰이는 전기의 30퍼센트가 원자력 발전소에서 만들어져요. 그렇기 때문에 원자력 발전소를 전부 폐쇄하기는 힘들었을 거예요.

방송에서는 연예인들이 나와 후쿠시마는 안전해졌으며 먹거리 역시 안심하고 먹을 수 있다고 말했어요. 그러나 피난을 떠난 후쿠시마 주변의 주민들 가운데 약 10만 명은 고향으로 돌아가지 않았어요. 그곳은 여전히 다른 지역보다 방사능 수치가 2배 이상 높기 때문이에요. 방송에서 후쿠시마 농수산물을 맛있게 먹었던 방송인 가운데 3명은 얼마 뒤 급성 백혈병에 걸리는 등 건강이 나빠졌어요. 하지만 원전 지지자들은 방사능 때문이 아니라고 주장했지요.

우리나라의 원자력 발전소

늙어 버린 원자력 발전소

"우리나라 원자력 발전소는 괜찮을까?"

후쿠시마 원자력 발전소 사고가 터졌을 때 우리나라 국민들도 큰 충격을 받았어요. 우리나라에는 24기의 원자력 발전소가 운영되고 있어요. 원자력 발전소 숫자로는 세계 6위이고, 밀집도로는 세계 1위예요.

밀집도 1위는 결코 반가운 소식이 아니에요. 좁은 땅에 그만큼 원자력 발전소가 많으니 사고가 나면 피해도 클 거라는 뜻이거든요. 그런데도 우리나라 정부는 원자력 발전소를 더 늘리려고 해요. 10년 뒤인 2026년이 되면 우리나라에는 대략 40기의 원자력 발전소가 있을 거예요.

왜 이렇게 원자력 발전소를 늘리는 걸까요? 24기의 원자력 발전소로는 충분한 전기를 생산할 수 없어서일까요? 가장 큰 이유는 수

명이 다한 원자력 발전소가 하나둘 나오기 때문이에요.

식품에 유통기한이 있듯이 원자력 발전소도 지을 때 미리 수명을 결정해요. 외국의 원자력 발전소는 평균 수명이 약 23.6년이고, 우리나라는 대략 30~40년이에요. 10년이 지나 2026년이 되면 또 다른 4기의 원자력 발전소가 수명을 다해 문을 닫아야 해요. 2030년이 되면 10기의 원자력 발전소가 수명을 다해요. 문제는 이 낡은 원자력 발전소를 철거해야 하는데, 그 작업이 여간 만만하지 않다는 데 있어요.

우리나라는 원자력 발전소를 철거해 본 적이 없어요. 원자력 발전소는 철거가 몹시 까다로워요. 망치로 툭툭 때려 부순다고 될 일이 아니에요. 부속품과 다 쓴 핵연료, 원자로는 하나같이 방사선이 잔뜩 묻어 환경에 치명적이에요. 방사선이 새어 나오지 않게 조심해서 뜯어내고 깊이 파묻어야 해요.

시간도 많이 들지만 비용도 어마어마해요. 이미 원자력 발전소를 철거해 본 유럽은 발전소 1기당 약 1조 원이 넘는 돈을 썼어요. 그런데 원자력 발전소 1기를 짓는 데 약 2조 원이 필요해요. 철거하는 데 짓는 돈의 절반이 드니, 정부로서는 여간 부담스럽지 않아요. 그러니 억지로라도 수명을 연장하려고 해요.

오래될수록 위험한 원전

우리나라에서 가장 늙은 원자력 발전소는 부산시 기장군에 있는 고리 원자력 발전소 1호기인데 38세예요. 30년 동안 살 수 있으니 8년 전에 이미 수명이 끝났지요. 다음은 경북 경주시에 있는 월성 원자력 발전소 1호기로 33세예요. 이 발전소 역시 3년 전에 수명이 끝났어요.

예정대로라면 몇 년 전에 이미 문을 닫아야 했지만 정부는 계속

고리 원자력 발전소
1978년에 부산시 기장군에 문을 연 원자력 발전소로 현재 6기의 원자로가 가동되고 있다. 근처에 2기를 더 세우고 있다.

월성 원자력 발전소
1983년에 경북 경주시에 문을 연 원자력 발전소로 현재 6기의 원자로가 가동되고 있다.

가동했어요. 관리를 잘하면 10년 동안은 문제없이 쓸 수 있다고 생각한 거예요. 원자력 발전소의 지역 주민과 시민 단체는 크게 반발했어요. 너무 위험한 결정이라는 것이지요.

실제로 고리 원자력 발전소 1호기는 지난 38년 동안 약 130번이나 고장이 났어요. 우리나라의 원자력 발전소 가운데 가장 고장이 잦았지요. 월성 원자력 발전소 1호기도 약 50번이나 고장을 일으켰어요. 다른 원자력 발전소에서도 문제가 여러 번 있었어요. 우리나라 원자력 발전소에서는 최근 15년 동안 약 700번이나 고장이 났었고, 최근 5년 동안은 한 달에 한 번꼴로 가동을 멈췄어요.

국민들의 반대가 점점 커지자 정부는 고리 원자력 발전소 1호기를 폐쇄하기로 결정했어요. 하지만 월성 원자력 발전소 1호기는 여전히 가동되고 있어요.

오래된 자동차는 툭하면 시동이 꺼져서 멈추곤 해요. 부품을 바꿔도 한계가 있어요. 버리기 아깝다고 계속 사용하다가는 더 큰 사고가 일어날 수도 있죠. 하물며 핵연료라는 위험한 물질을 다루는 원자력 발전소는 말할 것도 없어요.

2011년 후쿠시마 원자력 발전소 사고와 2014년 봄, 300명이 넘는 어린 학생들의 목숨을 앗아간 세월호 사고에는 한 가지 공통점이 있어요. 모두 수명이 다한 발전소와 선박을 무리하게 사용했다는 사실이에요.

2장
에너지가 된 원자 폭탄

# 원자로 이루어진 세상

세상은 무엇으로 이루어져 있을까?

"이 세상은 무엇으로 이루어졌을까?"

약 2,600년 전, 그리스에는 이런 고민을 하는 철학자들이 많았어요.

"세상은 불로 이루어졌어."

"아니, 물이지!"

"다 틀렸어. 나는 숫자라고 생각해."

그들 가운데 데모크리토스라는 철학자가 독특한 말을 했어요.

"사람이든 물건이든 모든 것은 쪼개지지 않는 단단한 물질로 이루어져 있을 거야!"

책상은 나무로 만들어져요. 그럼 나무는 무엇으로 만들어졌을까요? 나무를 쪼개고 쪼개다 보면 마지막에 남는 물질이 있겠지요. 데모크리토스는 더 이상 쪼갤 수 없는 그것을 '원자', 그리스 어로

'아톰'이라고 불렀어요.

 물론 데모크리토스가 원자를 본 것은 아니에요. 원자는 오늘날 현미경으로 봐야 간신히 보일 정도로 작거든요. 현미경은커녕 돋보기도 없던 시절에 원자를 봤을 리가 없죠. 그저 쪼개고 쪼개고 또 쪼개다 보면 마지막으로 쪼개지지 않는 물질이 있을 거라고 상상했을 뿐이에요.

 하지만 데모크리토스의 이론은 별로 인기를 얻지 못했어요. 당시 사람들은 철학자 아리스토텔레스의 주장을 더 많이 믿고 있었지요. 아리스토텔레스는 세상의 모든 것이 흙, 불, 물, 공기로 이루어져 있다고 말했어요. 유럽 사람들은 아리스토텔레스의 주장을 1,800년 넘게 믿어 왔어요.

 그런데 18세기에 프랑스의 과학자 라부아지에가 아리스토텔레스의 주장을 우르르 무너뜨렸어요. 아리스토텔레스의 말이 맞다면 물은 절대로 쪼개질 수 없겠지요. 그런데 라부아지에는 떡하니 물을 산소와 수소로 나누었어요. 사람들은 혼란스러웠어요.

 이때 돌턴이라는 영국의 과학자가 잊혀졌던 원자 이론을 다시 꺼냈어요. 사물은 더 이상 쪼개지지 않는 원자로 구성된 것이 맞다는 거지요. 이렇게 해서 원자 이론은 근대 유럽 사회에 다시 등장하게 되었어요.

원자도 쪼개지네?

만일 지구가 **원자**라면, **핵**은 사과 한 알과 같아요. 나머지는 텅 빈 공간이에요. 공갈빵과 비슷하죠. 그래서 원자의 무게는 핵의 무게와 비슷해요. 핵 속에 알짜가 다 들어 있거든요. 그 알짜가 바로 **양성자**와 **중성자**입니다.

핵을 열어 보면, 양성자와 중성자가 꼭 끌어안고 있는 것을 볼 수 있어요. 끌어안는 힘을 **핵력**이라 불러요. 원자핵을 쪼개기 힘든 것은 이 핵력이 너무나 강력하기 때문이에요.

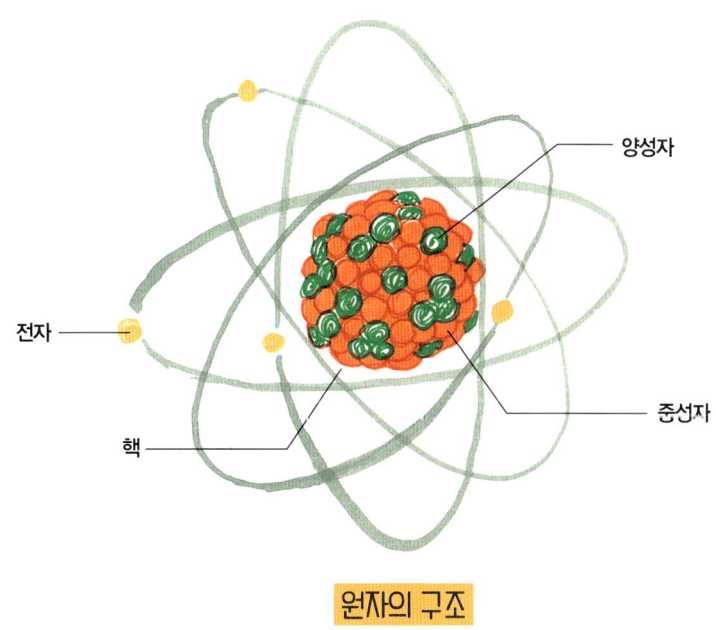

원자의 구조

"역시 원자는 쪼갤 수 없는 것일까?"

과학자들은 안달이 났어요. 핵만 열어 보면 물질의 비밀을 알아낼 수 있을 것 같은데, 핵은 쉽게 열리지 않았어요. 이때 누구도 예상하지 못했던 일이 일어났어요.

16세기, 유럽의 체코에는 요하임스탈러라는 은광이 있었어요. 여기에서 캐낸 은으로 만든 동전을 유럽 사람들은 광산 이름을 따서 스탈러, 혹은 탈러라고 불렀어요. 오늘날 미국 화폐인 달러가 이 동전 이름에서 나왔어요.

그런데 광부들은 은을 캐다가 이상한 돌을 발견했어요. 색깔은 검은데 야릇한 빛이 흘러나와 어두컴컴한 은광을 붉고 노란빛으로 물들였어요.

"이건 뭘까? 볼 때마다 섬뜩한 게 기분이 안 좋네."
"그냥 던져 버리라고."

얼마 지나지 않아 광부들은 시름시름 앓기 시작했어요. 쿨럭쿨럭 기침을 하고 피를 토하기까지 했어요. 그리고 이내 숨을 거두었어요. 광부들의 폐가 죄다 썩어 버렸지만 의사들도 이유를 모르겠다며 고개만 내저었어요. 하지만 어느 누구도 그 돌 때문이라고 생각하지 않았어요.

1789년에 독일의 화학자 마르틴 클라프로트는 이 돌을 가져와 연구를 시작했어요. 돌을 끓여서 나온 물질을 유리에 발랐더니 예쁜 노란빛과 초록빛으로 반짝거렸어요.

"오호, 색깔을 내는 염료였구먼."

때마침, 이 시기는 인류가 태양계의 행성인 천왕성을 발견한 무렵이었어요. 마르틴은 천왕성을 뜻하는 '우라노스'라는 멋진 이름을 따와 이 돌을 **우라늄**이라고 불렀어요.

1896년에 프랑스의 물리학자 베크렐은 서랍을 열었다가 깜짝 놀랐어요. 서랍에 넣어둔 사진 필름이 엉망으로 변해 버렸거든요.

"누구 짓이야?"

어리둥절하던 베크렐은 필름을 망가뜨린 범인을 찾았어요. 바로 서랍에 같이 넣어 둔 우라늄이었어요. 우라늄에서 뿜어져 나온 수상한 빛이 필름에 스며들었던 것이에요.

"우라늄은 사방팔방으로 빛을 내는구나. 사방팔방? 옳지, 이걸 방사선이라 부르자."

그 빛은 우라늄이 스스로 원자핵을 쪼개면서 나온 물질이었어요. 놀라운 발견이었죠. 그토록 쪼개려고 애를 써도 꿈쩍 안 하던 원자핵이 스스로 분열할 줄이야!

1898년, 프랑스의 과학자 퀴리 부부도 스스로 핵분열을 하는 물질 두 개를 발견했어요. 그들은 이 물질에 **라듐**과 **폴로늄**이라는 이름을 붙였어요. 폴로늄은 퀴리 부인이 자신의 조국인 폴란드를 그리워해서 붙인 이름이에요.

베크렐과 퀴리 부부, 핵분열을 발견한 이 셋은 노벨 물리학상을 받았어요. 하지만 시상식장에서 남편 퀴리는 표정이 몹시 어두웠어요.

"이 발견이 과연 인류에 도움이 될지 해가 될지, 저는 잘 모르겠습니다."

남편 퀴리는 라듐을 발견했을 때만 해도 기분이 좋았어요. 주머니에 넣고 다니다가 만나는 사람에게 보여 주며 자랑도 했죠. 위험한 행동이었지만 그때만 해도 방사선이 얼마나 몸에 해로운지 아무도 몰랐으니까요. 여자들은 색깔이 예쁘다며 라듐을 매니큐어처럼 손톱에 발랐고 식품 회사들은 초콜릿과 음료수, 달걀에도 넣어 팔았어요.

방사선은 곧 본색을 드러냈어요. 퀴리 부부의 몸은 점점 쇠약해졌어요. 손은 퉁퉁 붓고 걸음도 제대로 걸을 수 없었어요. 결국 남편 퀴리는 비틀거리며 걷다 마차에 치여 숨졌고, 퀴리 부인도 백혈병으로 숨을 거두었어요. 비슷한 시기에 라듐을 손톱에 발랐던 여자들도 하나둘 목숨을 잃었어요.

비로소 사람들은 깨달았어요. 우라늄이나 라듐이 핵분열을 하면서 뿜어내는 방사선이 생명체에 치명적이라는 사실을 말이에요.

우라늄의 발견

우라늄은 왜 스스로 쪼개질까?

전기에 양극과 음극이 있듯, 자석에도 N극과 S극이 있어요. 자석도 같은 극끼리 갖다 대면 서로 싫다고 밀어내잖아요. 핵 속에 있는 양성자와 중성자도 비슷해요.

양성자끼리 치고 박고 충돌하면 결국 핵은 부서지게 될 거예요. 핵이 부서지면 원자도 쪼개져요. 이것을 불안정한 상태라고 해요. 그래서 이 싸움을 말리기 위해 중성자가 함께 들어 있어요. 중성자는 양성자 사이에 파고들어 스펀지처럼 충돌을 막아 줘요. 그래야 원자가 안정된 상태를 유지할 테니까요.

안정된 원자는 양성자와 중성자 숫자가 똑같아요. 싸우려는 양성자가 5개면, 말리려는 중성자도 5개가 되어야 하죠. 그런데 우라늄의 원자핵에는 양성자가 92개 있는 것에 비해 중성자는 140개가 넘어요. 그래서 우라늄은 늘 불안정한 상태예요.

우리가 과식하면 속이 더부룩하고 결국 토하고 싶잖아요. 우라늄도 마찬가지예요. 불안정한 상태를 견디지 못해 스스로 원자핵을 열고 웩! 토해 내요. 이게 바로 **핵분열**이에요.

문제는 우라늄이 핵분열을 하는 과정에서 인체에 치명적인 물질들도 덩달아 튀어나온다는 거예요. 바로 **방사선**이에요.

우리가 토할 때는 괴롭지만 뱉고 나면 속이 편안해져요. 우라늄도 핵분열을 통해서 안정을 찾아가죠. 기묘하죠? 우라늄이 핵분열로 쏟아 내는 방사선은 해로운 물질인데, 정작 우라늄 자신에게는 안정을 찾아가는 과정이라니.

우라늄 형제들

우라늄 집안에는 형제가 살고 있어요. 형 **우라늄 238**과 동생 **우라늄 235**죠. 뒤에 붙은 숫자는 형제의 몸무게예요. 형이 동생보다 3만큼 더 무겁다는 뜻이죠. 이 3은 중성자 개수예요. 형 우라늄 238이 동생 우라늄 235보다 중성자 3개를 더 가지고 있다는 뜻이에요.

"뭐야, 나도 있는데 왜 무시해?"

참, 깜박했네요. 우라늄 가족에는 **우라늄 234**란 막내 녀석도 있어요. 하지만 이 녀석은 지구 상에서 워낙 양이 적으니 무시해도 괜찮아요. 미안, 우라늄 234.

형제는 몸무게도 다르고 성격도 완전히 달라요. 형 우라늄 238은 과묵하고 온순해요. 하지만 동생 우라늄 235는 난폭한 데다 성격도 급하기 짝이 없어요. 혼자서 괜스레 화를 냈다가 펄펄 뛰기 일쑤죠.

그런데 과학자들은 조용하고 온순한 우라늄 238보다는 화를 잘 내고 어디로 튈지 모르는 우라늄 235에 관심이 더 많아요. 우라늄 235는 성격이 워낙 불안정해 스스로 핵분열을 하기 때문이죠. 과학자들은 알게 되었어요. 우라늄 235가 핵분열을 하면 엄청난 에너지가 나온다는 사실을.

과학자들은 이 에너지로 굉장한 것을 만들 수 있을 거라 여겼어

에너지가 된 원자 폭탄 **43**

요. 바로 **원자 폭탄!** 자신의 발견이 인류에 불행을 가져다줄지도 모른다는 남편 퀴리의 걱정은 결국 현실이 되었지요.

인류는 우라늄 235를 열심히 긁어모으기 시작했어요. 하지만 지구 상에 묻혀 있는 우라늄 가운데 99.2퍼센트는 우라늄 238이고, 우라늄 235는 0.7퍼센트밖에 안돼요. 우라늄 235는 매우 귀한 물질이에요.

전쟁을 위해 만들어진 에너지

누가 먼저 원자 폭탄을 만드나

"산에 가서 나무를 해야지, 저녁에 밥 지어 먹으려면."

옛날에는 나무꾼이 무척 흔했어요. 특별한 기술도 필요 없었어요. 산에는 나무가 흔했고 톱이나 도끼만 있으면 얼마든지 구할 수 있었어요. 나무에 불을 지펴 밥을 짓고 방도 따뜻하게 데웠어요. 나무는 인류 최초의 에너지원이었죠.

18세기, 인류는 나무 대신 석탄을 본격적으로 사용하기 시작했어요. 인류는 석탄을 이용해 스스로 움직이는 기계인 증기 기관을 발명했어요. 이 기계 덕분에 인류는 공장에서 물건을 대량으로 생산하고, 사람과 물건을 실어 나르는 탈 것도 만들어 냈어요. 이것을 우리는 '산업 혁명'이라고 불러요.

시간이 흘러 인류는 석탄보다 효율이 좋고 비교적 깨끗한 에너지인 석유로 갈아탔어요. 석유를 이용해 자동차를 생산하고 값싼

옷과 신발, 페인트와 약품까지 만들었지요.

그리고 20세기에 들어 인류는 또 다른 에너지원을 찾아냈어요. 바로 우라늄이에요. 하지만 나무, 석탄, 석유와 달리 우라늄은 에너지가 아닌, 처음부터 인류를 공격하는 무기로 사용되었어요. 바로 **원자 폭탄**으로 말이죠.

"옳거니! 우라늄 원자핵이 중성자에 쪼개지는구나."

1938년에 독일의 과학자들이 놀라운 사실을 알아냈어요. 중성자를 우라늄에 톡! 하고 맞췄더니 우라늄 원자핵이 쪼개지면서 중성자가 튀어나왔던 거예요. 이 중성자는 다시 근처에 있는 다른 원자핵을 건드려 쪼개고, 다시 중성자가 튀어나오지요.

이렇게 핵들이 끝없이 분열하면서 거대한 열과 압력이 만들어져요. 이것이 핵분열 에너지예요. 마치 다이너마이트가 잔뜩 든 창고에 횃불을 던지는 것과 비슷하지요.

과학자들은 흥분했어요. 우라늄 1그램이 분열하면 석탄 3톤, 석유 1,800리터를 태운 양과 맞먹는 에너지가 나왔거든요. 쌀 한 톨 무게의 우라늄만 있으면 서울에서 부산까지 자동차를 달리게 할 수 있어요. 1그램이 이 정도인데, 수십 킬로그램의 폭탄을 만든다면 그 위력이 얼마나 대단할까요?

공교롭게도 이 비밀이 밝혀진 다음 해에 제2차 세계 대전이 일어났어요. 전쟁을 일으킨 독일의 권력자 히틀러는 원자 폭탄을 만들

계획을 세웠어요. 이 비밀 병기만 손에 넣는다면 백전백승할 거라 믿었거든요.

독일과 같은 편이던 일본도 뒤질세라 원자 폭탄을 개발하기 시작했어요. 일본은 우라늄을 구하려고 당시 식민지였던 우리나라에까지 사람을 보내 광산을 뒤지고 다녔어요.

반면 독일과 일본을 상대로 싸우던 미국은 멀거니 뒷짐만 지고 있었어요. 보다 못한 과학자 아인슈타인은 당시 미국 대통령 루스벨트에게 편지를 썼어요.

"미국도 얼른 만드세요. 독일보다 늦으면 위험합니다."

1942년, 전갈과 방울뱀이 득실대는 미국 뉴멕시코 주의 황량한

사막에 수상한 연구 단지가 들어섰어요. 그리고 정체를 알 수 없는 사람들이 그곳으로 속속 몰려들었어요. 그들은 원자 폭탄을 만들기 위해 미국이 불러들인 전 세계의 천재 과학자들이었어요. 비밀리에 원자 폭탄을 만들 것, 이것이 그 유명한 **맨해튼 프로젝트**였어요.

미국은 맨해튼 프로젝트에 엄청난 돈을 쏟아부었어요. 10만 명이 넘는 과학자가 동원되었고, 오늘날 가치로 약 29조 원이나 되는 돈이 들었지요. 그리고 전 세계를 뛰어다니며 우라늄을 긁어모았어요.

하지만 핵무기가 완성되기도 전에 적국인 독일과 이탈리아가 항복해 버렸어요. 이제 남은 건 일본뿐이었어요.

일본에 떨어진 꼬마와 뚱보

1945년, 미국은 드디어 3기의 원자 폭탄을 만드는 데 성공했어요. 과학자들은 이 폭탄에 가제트, 뚱보(팻맨, Fat Man), 꼬마(리틀보이, Little Boy)라는 이름을 붙였어요. 무시무시한 핵무기치고는 어울리지 않게 이름이 깜찍하죠. 그 이유는 보안 때문이었어요.

그 당시 전 세계는 전쟁 중이었기 때문에 적국에 스파이를 보내 정보를 훔치거나 통신 내용을 몰래 엿들었어요. 만일 핵무기 이름이 '지옥의 불덩이' 또는 '인류 말살'이었다면 스파이들이 너무나 쉽게 의심했을 거예요.

1945년 7월 16일 새벽 5시 30분, 과학자들은 3기의 원자 폭탄 가운데 가제트를 골라 뉴멕시코 주의 사막으로 가지고 갔어요. 그곳에서 인류 역사상 최초의 핵 실험이 시작되었어요. 땅 위로 12킬로미터 높이까지 거대한 버섯구름이 치솟았고, 땅에는 깊이 3미터, 폭 330미터의 거대한 구덩이가 만들어졌어요.

실험은 대성공이었어요. 그러나 이를 지켜보던 핵 실험 책임자 오펜하이머의 마음은 착잡했어요. 그는 괴물처럼 생긴 버섯구름을 바라보면서 동료 과학자에게 이렇게 말했어요.

"이제 우리는 세상에서 가장 나쁜 놈이 되었군요."

그 즈음 미국 대통령 트루먼은 독일에 머무르고 있었어요. 일본은 항복하지 않고 여전히 버티고 있었고, 전쟁은 아직 끝나지 않았어요.

하지만 제2차 세계 대전은 끝나가는 분위기였어요. 미국, 영국, 소련 등은 느긋하게 차를 마시며 전쟁이 끝난 뒤에 남은 일들을 어떻게 처리할지 의논하고 있었어요.

그때 미국 대통령 트루먼은 원자 폭탄 실험이 성공했다는 소식을 듣고서 기분이 무척 좋았어요. 아무나 붙잡고 막 자랑이라도 하고 싶은 정도였죠. 때마침 소련 대표로 온 스탈린이 트루먼의 눈에 뜨였어요.

"우리가 굉장한 걸 갖게 되었습니다. 그건……. 앗, 비밀!"

"흠, 원자 폭탄 말인가요?"

"엇?"

트루먼은 어이가 없었어요. 원자 폭탄은 자신도 대통령이 된 뒤에나 알았던 극비 사항이었거든요. 하지만 소련은 이미 미국에 몰래 보낸 스파이를 통해 원자 폭탄을 만들어 성공시켰다는 사실을 다 알고 있었어요. 게다가 소련 또한 비밀리에 원자 폭탄을 만들고 있었지요.

국제 사회는 이처럼 냉정한 곳이에요. 어제의 동지도 내일이면 적이 되기 일쑤죠. 소련과 미국, 두 나라는 어렴풋이 알고 있었어요. 지금까지는 같은 편이었으나 전쟁이 끝나면 적으로 만나게 될 거라는 것을요.

미국과 소련이 핵무기를 만든 것은 제2차 세계 대전을 끝내기 위해서만은 아니었어요. 앞으로 국제 사회에서 주도권을 잡고 큰소리를 내려면 강력한 한 방을 들고 있어야 했어요. 이를테면 핵무기 같은 것 말이죠. 실제로 전쟁이 끝나고서 세계는 너도나도 핵무기를 개발하기 시작했어요.

스탈린은 빙그레 웃으며 트루먼에게 말했어요.

"일본을 너무 세게 다루지 마세요."

이미 소련은 미국이 일본에 핵무기를 사용할 것이라는 것을 꿰뚫고 있었어요.

미국은 일본의 히로시마와 나가사키에 핵무기를 터뜨리기로 했어요. 두 도시가 전쟁 무기를 생산하는 공업 지대였기 때문이었죠. 1945년 8월 6일에 '꼬마'를 히로시마에, 사흘 후인 8월 9일에는 '뚱보'를 나가사키에 떨어뜨렸어요.

단 2기의 폭탄으로 두 도시는 잿더미가 되었고 약 20만 명이 넘는 희생자가 생겨났어요. 희생자들 가운데에는 일본에 노동자로 끌려간 한국인 4만여 명도 있었어요.

한 번도 보지 못한 핵무기의 위력에 세계는 경악했고, 일본은 공포에 질렸어요. 얼마 뒤에 일본은 연합군에 항복했고, 제2차 세계 대전은 그렇게 막을 내렸어요. 우리나라도 35년간의 식민지 생활을 벗고 독립할 수 있었고요.

미국은 원자 폭탄이 보여 준 파괴력과 승리에 기뻐했어요. 하지만 실험 책임자인 오펜하이머는 여전히 괴로워했어요. 대통령을 만난 자리에서 오펜하이머는 속마음을 털어놓았어요.

"제 손에 너무 많은 피를 묻힌 것 같습니다."

그러자 미국 대통령 트루먼은 그에게 손수건을 건넸어요.

"이걸로 닦으세요."

 **평화적으로 사용하기 위한 방법**

너도나도 핵무기

제2차 세계 대전이 끝나자 강대국들은 저마다 핵무기 개발을 시작했어요. 미국을 비롯해 소련, 영국, 프랑스, 중국까지 핵무기를 손에 넣게 되었어요. 그들은 실제로 핵무기를 전쟁에 사용할 생각은 없었어요. 핵무기가 있다는 사실만으로도 다른 나라에 겁을 줄 수 있으니 자신들은 안전할 거라 믿었던 것이죠.

보다 못한 미국 대통령 아이젠하워는 1953년에 유엔(UN, 국제 연합) 회의에서 핵무기를 평화적으로 사용하자고 말했어요. 이를 계기로 **국제 원자력 기구**(IAEA)가 만들어졌어요.

그러나 강대국들은 코웃음만 쳤지요. 지구 곳곳에서 펑! 펑! 하는 소리가 들렸어요. 핵무기를 가진 나라들에게 지구는 거대한 핵 실험장이었어요. 그들은 사람이 살지 않는 사막과 섬, 바다, 심지어 땅을 깊게 파고 핵을 터뜨렸어요. 1960년대 미국은 2만 기가 넘는 핵무기를 만들었고, 핵무기를 가진 나라는 7국으로 늘어났어요. 사람들은 불안해졌어요.

"이대로 가다가는 인류가 핵 때문에 멸망하는 건 아닐까?"

1968년, 드디어 핵무기를 줄이기 위한 **핵 확산 금지 조약(NPT)** 이라는 기구가 만들어졌어요. 핵 확산 금지 조약은 핵무기가 있는 나라는 더 이상 핵무기를 만들지 않고, 핵무기가 없는 나라는 핵무기를 개발하지 않겠다는 국제적인 약속이에요.

강대국들도 핵무기를 가진 나라가 늘자 위기감을 느끼고 핵 확산 금지 조약에 가입했어요. 대신 한 가지 조건을 내밀었어요.

"좋아. 더 안 만들게. 대신 없애지도 않겠어."

그러니까 이미 핵무기가 있는 나라는 핵무기를 없애지 않아도 되지만, 핵무기가 없는 나라가 핵무기를 만들면 안 된다는 거예요. 불평등하지만 국제 사회에서는 힘센 나라들의 목소리가 크지요.

우리나라는 1975년에 핵 확산 금지 조약에 가입했어요. 북한도 1985년에 가입했지만 핵무기 욕심을 끝내 버리지 못하고 2003년에 탈퇴했어요. 그리고 기어이 핵무기를 만들었지요. 또 인도, 파키스탄, 쿠바, 이스라엘도 핵 확산 금지 조약에 가입하지 않으며 핵무기를 가진 나라가 되었고요. 현재 약 10개 나라가 핵무기를 1기 이상 갖고 있는 것으로 추측되고 있어요.

원자력 발전소의 등장

핵무기를 가진 나라들은 고민에 빠졌어요. 그동안 적지 않은 돈과 시간을 투자해 핵무기를 개발했고 우라늄도 잔뜩 긁어모았는데 더는 핵무기에 쓸 수 없게 되었으니까 말이죠. 우라늄을 다른 곳에 사용하는 방법은 무엇일까요?

과학자들은 원자력을 제3의 에너지라고 극찬했어요. 하지만 우라늄은 석탄이나 석유처럼 다양하게 사용할 수 없는 단점이 있어요. 폭발력이 너무 강한 데다 치명적인 독성을 내뿜는 방사선을 막는 일이 만만치 않기 때문이지요.

우라늄을 보일러처럼 사용하면 자칫 마을 하나가 날아가 버려요. 자동차의 연료로 사용하면 독성이 강한 방사선을 내뿜으며 달릴 테고요. 방법은 하나. 발전소를 세워 전기를 생산하는 것밖에 없었어요.

사실 핵무기가 있는 나라들은 원자력으로 전기를 만드는 일이 어려운 것도, 처음도 아니에요. 이미 그들은 핵무기를 개발하는 과정에서 원자력 발전소를 짓고 전기를 뽑아 썼어요. 생활에 쓰이는 전기가 아니라 군대에 보급하는 전기였지만 말이에요.

소련은 1954년에 세계 최초의 원자력 발전소인 오브닌스크 원자력 발전소에서 전기를 만들었어요. 뒤이어 미국도 1957년에 쉬핑포트 원자력 발전소에서 전기를 만들어 내기 시작했어요. 이때

부터 원자력 발전소는 꾸준히 늘어나 1970년까지 15개국에서 90기의 원자력 발전소가 세워졌어요.

그럼에도 불구하고 원자력 발전소가 전체 전력 생산에서 차지하는 비중은 크지 않았어요. 전력 생산의 대부분은 화력 발전소가 담당하고 있었거든요.

화력 발전소는 석탄, 석유, 천연가스 같은 화석 에너지를 연료로 사용해요. 석탄은 매장량이 풍부한 데다 지구에 골고루 퍼져 있어요. 지하자원이 부족한 우리나라에도 탄광은 즐비했으니까요. 석유는 서남아시아와 북아메리카, 남아시아와 아프리카에 주로 묻혀 있어요. 생산량이 많고 저렴한 데다 운송과 보관이 쉬워 인기가 많은 에너지 자원이지요.

원자력 발전소는 화력 발전소의 보조 수단이었어요. 실제로 1973년까지 미국의 원자력 발전소들이 생산한 전기는 전체 전력의 4퍼센트였어요. 그런데 상황이 급작스럽게 변했어요.

미국의 지질학자 허버트가 1956년에 피크 오일 이론을 발표했어요. '피크'란 가장 높은 상태에 이르렀다는 뜻이에요. 허버트는 석유가 1970년대에 가장 많이 생산되었다가 점차 줄어들 거라고 주장했어요.

"설마?"
"석유가 이렇게 펑펑 쏟아지는데?"

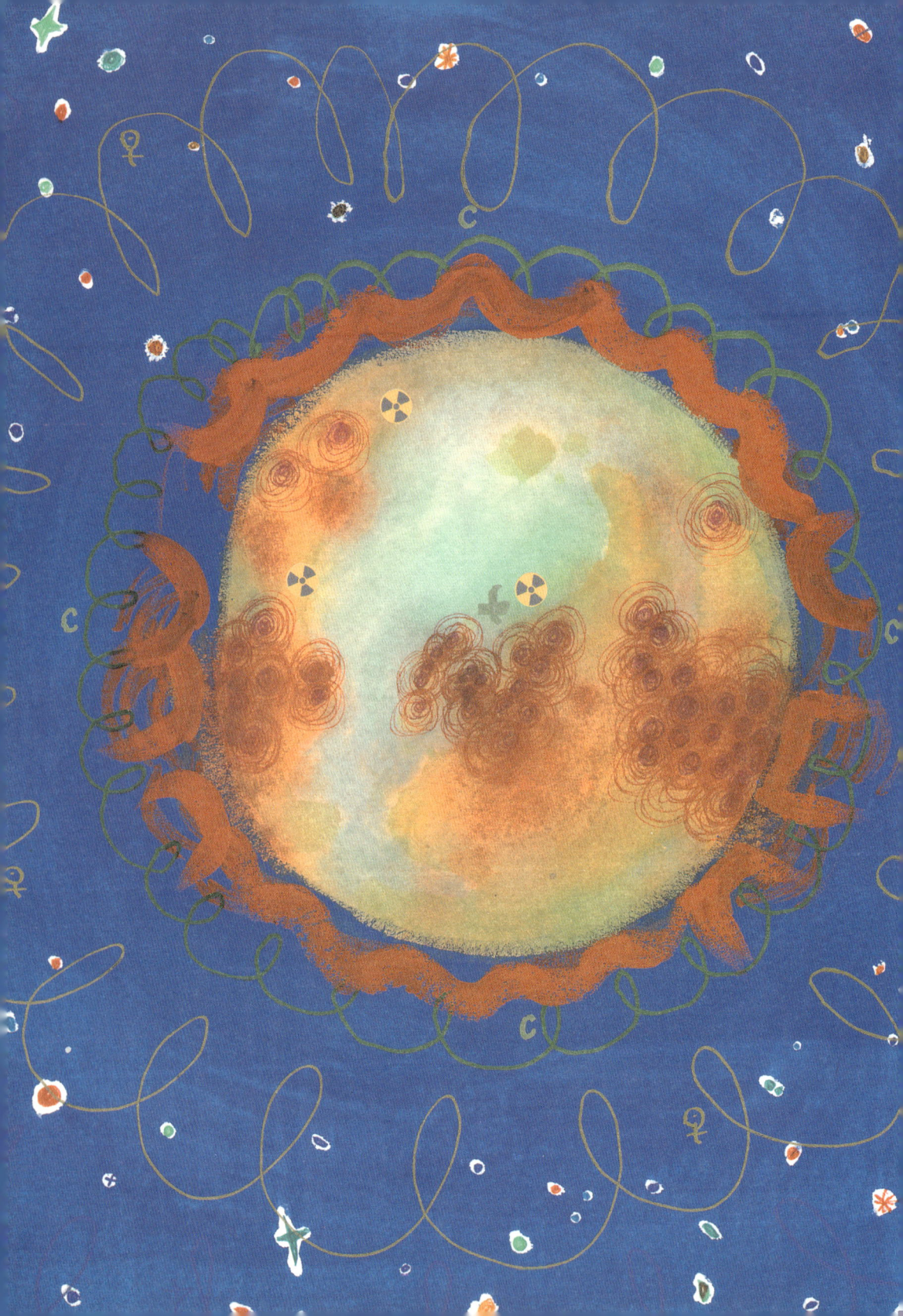

사람들은 허버트의 말을 믿지 않았어요. 그런데 거짓말처럼 1970년대부터 석유 생산량이 줄어들었어요. 그리고 1973년과 1978년 두 차례에 걸쳐 서남아시아에서 석유를 생산하고 판매하는 나라들이 석유 가격을 크게 올렸어요. 이를 오일 쇼크라고 불러요.

석유가 비싸졌다고 다시 석탄으로 돌아갈 수도 없었어요. 석탄은 여전히 풍부하지만 지저분한 에너지였어요. 석탄을 태울 때 발생하는 이산화탄소는 지구를 담요처럼 두텁게 감싸 지구의 온도를 높여요. 이것을 온실 효과라고 해요.

온실 효과로 극지방의 빙하가 녹아 해수면이 높아지고, 한여름에 눈이 내리거나 겨울이 더워지는 등 기후 변화가 지구 곳곳에서 일어났어요. 그래서 사람들은 석탄보다 깨끗하고 석유보다 저렴한 원자력에 주목하기 시작했어요.

오일 쇼크 이후, 원자력 발전소는 매년 약 30기씩 늘어났어요. 또 전기를 만드는 데에 화력 발전소의 비중을 줄이고 원자력 발전소의 비중을 점차 높이기 시작했어요. 미국은 원자력 발전소의 비중을 20퍼센트로 끌어올렸고, 프랑스는 8퍼센트에 불과했던 원자력 발전소의 비중을 2004년에는 78퍼센트로 높였어요. 지하자원이 넉넉하지 않은 우리나라, 독일, 일본도 원자력 발전소를 꾸준히 세웠어요.

2016년 현재 지구 상에는 약 430기의 원자력 발전소가 있어요. 그리고 세계 전력의 25퍼센트를 공급하고 있지요. 이 수치는 수력 발전소보다 두 배나 높고 화력 발전소 다음인 2위예요. 바야흐로 원자력 발전소의 시대가 열리게 된 것이죠.

전력 부족 국가에서 원전 강대국이 된 한국

"남조선 전기는 그쪽이 알아서 하기요."

1948년 5월 14일 정오, 북한이 일방적으로 우리나라의 전기를 끊었어요. 당시 전력을 생산하는 시설의 대부분이 북한에 몰려 있었어요. 우리나라는 북한에서 보내 주는 전기에 의지했는데, 북한이 전기를 끊어 버리자 우리나라는 쩔쩔매게 되었어요.

서울의 중요한 교통수단인 전차도 멈추었고 공장의 기계들도 멈추었어요. 보다 못한 미군이 군용 트럭을 빌려주고 소형 발전기를 갖다 줄 정도로 상황이 어려웠지요.

그 당시 우리나라는 청평의 수력 발전소 하나와 당인리, 부산, 영월의 화력 발전소가 전부였어요. 그 시설마저도 한국 전쟁이 일어나면서 절반 이상이 파괴되었어요. 전쟁이 끝났을 때, 우리나라 사람들 대부분은 호롱불로 어둠을 밝혀야 했어요.

미국의 전력 기술자 워커 시슬러가 1956년에 이승만 대통령을 찾아왔어요. 시슬러는 작은 상자를 들고 있었어요. 상자를 열자 거무튀튀한 돌덩어리가 나타났어요.

"이게 우라늄이라는 겁니다. 우라늄 1그램에는 석탄 3톤과 맞먹는 에너지가 있지요."

"호오."

이승만 대통령의 눈이 번쩍 뜨였어요. 당시 우리나라에서는 석탄을 주요 에너지원으로 사용했는데 1년에 고작 100톤밖에 생산하지 못했어요. 이승만 대통령은 얼른 미국과 원자력 협정을 맺었어요. 우리에게도 원자력 발전소를 지을 기술을 가르쳐 달라는 의미였지요.

하지만 우리나라에는 원자력을 알고 있는 사람이 없었어요. 그래서 교육부가 원자력 교육과를 만들어 학생들을 모집하고 원자력의 기초 지식부터 가르쳤어요. 그리고 우수한 학생들을 미국으로 보내 실습을 받게 했어요.

우리나라 정부는 원자력법을 만들고 연구소를 세워 원자력 발전소를 지을 준비에 들어갔어요. 그리고 역사적인 첫 원자력 발전소가 들어설 곳을 부산의 고리 지역으로 결정했어요.

땅도 있고 유학생들도 돌아왔지만 아직 우리 기술로 원자력 발전소를 짓기에는 무리였어요. 그래서 미국 회사에 돈을 주고 원자로 개발을 부탁했어요. 미국에서 원자로를 통째로 만들어 보내면

우리나라 기술자들이 조립하는 방식이었죠.

1978년, 마침내 처음으로 고리 원자력 발전소 1호기가 전력을 생산하는 데 성공했어요. 그 뒤로 우리나라는 5기의 원자력 발전소를 더 지었으나 여전히 미국 기술에 의존했어요. 유학생도 보내고 기술 협정도 맺었는데 왜 그럴까요?

미국 회사는 핵심 기술까지는 가르쳐 주지 않았어요. 그동안 우리나라에 원자력 발전소를 잘 팔아먹었고 앞으로도 그래야 하는데, 우리나라가 개발 기술을 다 알게 되면 곤란하기 때문이죠.

그러다 1986년에 옛 소련이자 오늘날의 우크라이나 지역인 체르노빌에서 원자력 발전소 사고가 터졌어요. 이 사고로 원자력 발전소 시장에 변화가 일렁거렸어요. 겁을 잔뜩 먹은 나라들이 원자력 발전을 꺼리게 된 거예요.

미국 회사는 돈벌이가 신통치 않게 되자 우리나라에 파격적인 제안을 했어요. 모든 기술을 다 가르쳐 주기로요.

1990년, 우리나라는 꿈에 그리던 원자력 발전 기술을 모두 배우게 되었어요. 한때 전기가 부족해 쩔쩔매던 나라가 지금은 세계에 원자로를 수출하는 원전 강대국이 되었어요.

우라늄 광석이 전기로 만들어지기까지

발전소는 어떻게 전기를 만들까?

우리가 사용하는 전기는 발전소에서 만들어져요. 발전소를 만들려면 넓은 땅과 수만 개가 넘는 부품, 그리고 수백 명의 직원이 있어야 해요. 그런데 가장 중요한 것은 딱 네 가지예요. 에너지, 자석, 원통, 그리고 코일. 이 네 가지만 있으면 여러분도 전기를 만들 수 있어요. 정말이냐고요?

전기를 만드는 원리를 알기 위해 발전소까지 견학을 갈 필요는 없어요. 이미 우리 주변에도 훌륭한 발전소가 있으니까요. 바로 자전거예요. 페달을 밟으면 등에 불이 들어오는 자전거의 원리를 알면 발전소의 원리를 알 수 있지요.

자, 페달을 밟아 볼까요? 자전거가 서서히 움직이지요. 이때 자전거 바퀴는 움직이면서 에너지를 가져요. 물체가 움직일 때 가지는 에너지를 운동 에너지라고 해요. 이 운동 에너지는 자전거 앞바

퀴에 달린 작은 금속 통으로 전달돼요. 통 속에는 코일이 칭칭 감겨 있고 자석이 들어 있어요. 페달을 밟을 때마다 통 안이 빙글빙글 돌면서 자석도 함께 회전해요. 이때 움직이는 자석과 코일이 만나면 전기가 만들어져요. 다시 말해, 운동 에너지가 전기 에너지로 변신한 것이죠. 이 전기가 전선을 타고 전구에 전달되면 불이 켜지는 거예요.

발전소의 원리도 같아요. 단지 더 큰 에너지와 성능이 좋은 자석, 그리고 거대한 원통과 코일이 있을 뿐이죠. 그래야 더 많은 전기를 생산할 테니까요.

화력 발전소는 석탄이나 석유, 천연가스를 에너지 원료로 사용

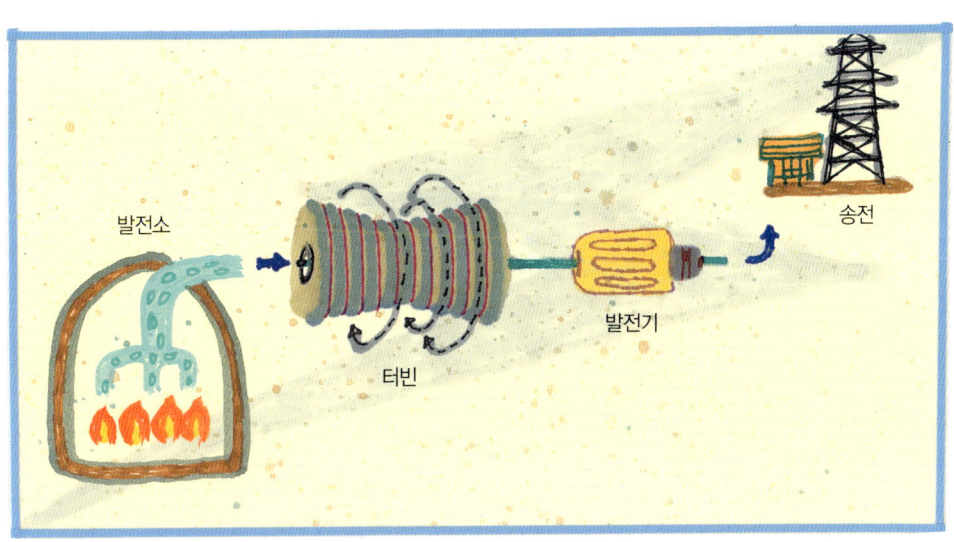

발전소에서 전기를 만드는 원리
발전소에서 연료를 태워 나온 수증기가 터빈을 돌리면, 터빈 속에 있는 자석이 회전하면서 전기가 만들어진다.

해요. 이들을 태워서 물을 팔팔 끓이면 수증기가 생겨요. 주전자에 물을 넣고 끓이면 수증기의 힘 때문에 주전자 뚜껑이 들썩들썩하죠? 발전소는 바로 수증기 에너지를 이용해서 전기를 생산해요.

수증기 에너지가 터빈이라는 기계로 전달되면 터빈은 빙글빙글 돌아요. 원통 모양의 터빈 속에는 코일이 촘촘하게 감겨 있고 거대한 자석이 들어 있는데, 터빈이 돌 때 이 자석도 덩달아 회전하지요. 그리고 회전하는 자석이 코일과 만나면서 전기가 만들어지는 거예요.

원자력 발전소도 마찬가지예요. 다른 점은 우라늄을 태워 물을 끓이는 것뿐이지요.

이제 전기를 만드는 원리도 알았으니 지금부터 진짜 원자력 발전소로 들어가 볼까요?

원자력 발전소의 연료, 우라늄

석탄이나 구리처럼 우라늄도 땅속에 묻혀 있어요. 우리나라에도 우라늄은 있지만 캐지 않아요. 그 양이 너무 적기 때문이에요. 흔히 바위에 우라늄이 1퍼센트만 섞여 있어도 대박이라는 소리를 들어요. 보통은 0.1~0.3퍼센트의 우라늄이 있어요.

그런데 우리나라 바위에는 고작 0.03퍼센트밖에 없어요. 오히려 우라늄을 수입하는 게 캐는 것보다 비용이 적게 들지요. 그래서 우리나라는 해마다 우라늄 740톤을 수입하는 데 7,200억 원이 넘는 돈을 내고 있어요.

문제는 또 있어요. 앞에서 말했듯이 우라늄에는 우라늄 238과 우라늄 235가 있어요. 이 가운데 원자력 발전에 필요한 것은 우라늄 235예요. 우라늄 235는 스스로 핵분열을 하지만 우라늄 238은 그렇지 않기 때문이죠.

그런데 우라늄 235는 전체 우라늄 가운데 0.7퍼센트밖에 안 되는 귀한 물질이에요. 99.2퍼센트는 핵분열을 하지 않는 우라늄 238이에요. 그렇다고 우라늄 238을 버리지는 않아요. 나중에 다 쓸모가 있거든요.

기술자들은 광산에서 가져온 우라늄을 특수한 기계나 레이저를 이용해서 우라늄 235와 우라늄 238로 깨끗이 나누어요. 그리고 톡톡 빻아 가루로 만든 다음 두 개의 우라늄을 조물조물 섞어 한 덩어리로 만들어요. 이렇게 섞는 작업을 **농축**이라 불러요.

우라늄 덩어리에서 우라늄 235가 차지하는 비중을 농축 비율이라고 해요. 가령 덩어리 무게가 100그램이고, 우라늄 238이 95그램, 우라늄 235가 5그램이면 5퍼센트 농축했다고 해요. 우리나라 원자력 발전소는 3~5퍼센트 농축한 우라늄을 사용해요. 기다란 바게트 빵(우라늄 238)에 건포도(우라늄 235) 몇 개가 박혀 있는 셈이죠.

우리나라가 수입하는 우라늄도 우라늄 238과 우라늄 235를 적당히 섞은 농축 덩어리예요. 기술이 없어서가 아니에요. 우리나라는 원전 기술을 외국에 수출하는 원자력 강대국인걸요. 우라늄을 농축하는 것쯤이야 대단한 일도 아니지요. 하지만 우리가 스스로 농축하겠다고 하면 미국을 비롯한 외국은 곱지 않은 시선을 보내요.

"수상한걸! 너네 우라늄 농축해서 뭐하려고 그래?"

우라늄을 농축하다가 비율을 슬쩍 90퍼센트로 올리면 핵폭탄 원료가 만들어져요. 우리나라는 핵 확산 금지 조약에 가입했기 때문에 핵무기를 만들 수 없어요. 그동안 우리나라는 괜한 의심을 받기 싫어서 농축 우라늄을 수입해 사용했어요. 그러나 지금은 미국과의 협상을 통해 우리나라에서도 농축할 수 있게 되었지요.

원자력 발전소의 아궁이, 원자로

옛날 우리 선조들은 겨울밤이면 따끈한 아랫목에 앉아 군밤이나 고구마를 화로에 넣어 구워 먹곤 했어요. 화로의 '로'는 뜨거운 물질을 담는 쇠그릇이에요. 제철소에서 쇳물을 녹이는 그릇을 용광로라 불러요. 원자력 발전소에도 이 쇠그릇이 있어요. **농축한 우라늄 덩어리를 태우는 곳**, 바로 원자로예요.

원자로는 원자력 발전소에서 가장 중요하면서 가장 위험한 곳이에요. 세상에서 가장 위험한 물질인 우라늄의 핵분열이 일어나는 곳이니까요.

우선 농축시킨 우라늄을 분필 크기로 잘라 길쭉하고 속이 텅 빈 쇠막대기 안에 채워요. 이 쇠막대기 하나를 **핵 연료봉**이라고 불러요. 보통은 수십 개에서 수백 개의 핵 연료봉을 한꺼번에 원자로에 넣어요. 이를 핵연료 다발이라고 해요. 장작더미를 아궁이에 넣는 것이지요.

원자력 발전소 직원이 뽕 하고 스위치를 누르면 중성자 하나가

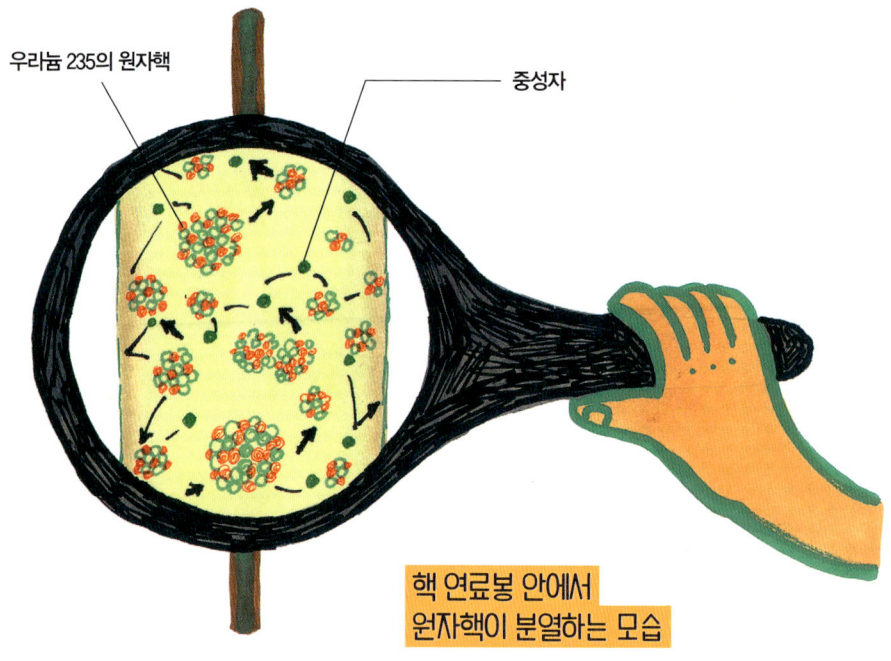

핵 연료봉 안에서 원자핵이 분열하는 모습

튀어 나가요. 빠르게 날아간 중성자는 핵 연료봉에 들어 있는 우라늄 안으로 파고들어요. 중성자에 맞은 우라늄 원자핵은 쪼개지면서 중성자 2~3개를 토해 내요. 이 중성자들이 근처에 있는 다른 원자핵을 건드리면서 원자로는 삽시간에 핵분열의 아수라장으로 변해요.

이때 속도가 상당히 중요해요. 중성자가 너무 빨리 날아가면 원자핵을 빗겨갈 수 있어요. 그래서 적당히 속도를 떨어뜨리기 위해 물을 사용해요. 중성자는 물을 통과하느라 힘이 빠져 속도가 느려

지거든요.

　우라늄을 끌 수 없는 불이라고도 해요. 석탄이나 석유는 타오르다가도 물이나 모래를 끼얹으면 꺼져요. 하지만 우라늄에게는 그런 방법이 통하지 않아요. 일단 핵분열을 시작하면 약 3만 년간 멈추지 않아요. 자칫하면 원자로는 순식간에 벌겋게 달아오르다가 폭발해 버릴 수 있어요.

　여기서 우라늄 238이 중요한 역할을 해요. 이 친구는 성격이 곰같아서 중성자에게 맞아도 화를 내거나 쪼개지지 않아요. 화를 내거나 분열하는 것은 우라늄 235거든요. 우라늄 238은 날뛰는 중성자를 막아서 핵분열 속도와 강도를 낮춰 줘요. 하지만 그것만으로는 여전히 안심할 수 없어요.

　"어어? 원자로가 너무 빨리 달아오르는걸?"

　"제어봉을 쓸 때가 되었구먼."

　직원이 스위치를 누르면 천장에서 길쭉한 쇠막대기들이 내려와 연료봉 속으로 들어가요. 이 쇠막대기에는 중성자를 흡수하는 물질이 잔뜩 발라져 있어 중성자를 쑥쑥 빨아들여요. 이 기다란 쇠막대기를 **제어봉**이라고 해요.

　이게 끝일까요? 아니에요. 뜨겁게 달궈진 원자로를 재빨리 식혀야 해요. 그래서 근처 바닷가나 강가에서 물을 끌어오는데 이 물을 **냉각수**라고 해요. 원자로가 얼마나 뜨거운지 냉각수는 들이붓자

마자 펄펄 끓어 수증기로 변하고 말아요.

 원자력 발전소는 물을 많이 쓰기 때문에 만들어지는 수증기도 엄청나요. 이 거대한 수증기들이 관을 타고 원자로 옆에 있는 터빈실로 들어갑니다.

 터빈은 사람 키만 한 수십 개의 날개가 달린 커다란 바람개비예요. 이 바람개비가 수증기의 힘으로 1분에 약 1,800번 정도 빙글빙글 돌아요. 그러면 터빈 속에 든 커다란 자석도 덩달아 빙글빙글 돌지요.

 이 과정에서 엄청난 전기가 만들어져요. 우리가 집이나 공장에서 사용하는 원자력 발전소의 전기는 이렇게 만들어지지요.

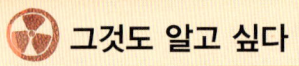 그것도 알고 싶다

밀양 시민들은 왜 송전탑을 반대할까?

　기차나 버스를 타고 여행하다 보면, 높은 철탑에 전선이 주렁주렁 걸려 있는 것을 볼 수 있어요. 이것이 송전탑이에요. 그런데 경상남도 밀양 시민들이 송전탑 건설에 반대하는 시위를 7년째 벌이고 있어요. 밀양 송전탑은 부산시 기장군에 있는 신고리 3호기 원자력 발전소에서 생산한 전기를 경남 서부 지역에 전달하기 위해 만들어졌어요.

　우리가 일상생활에서 쓰는 전압은 220볼트예요. 그런데 보통 송전탑을 지나가는 전기는 약 15~20만 볼트가 넘는 고압이에요. 우리가 쓰는 전압보다 약 1,000배나 높고, 어떤 생명체든 감전되면 바로 목숨을 잃을 정도로 위험하죠. 또 송전탑은 100미터 높이에 500미터 간격으로 촘촘히 세워야 하기 때문에 사람이 거의 다니지 않는 산에 설치해요.

　그런데 밀양 송전탑은 전압이 76만 5,000볼트의 초고압에, 위치도 산이 아닌 주민들이 농사짓는 논밭 위로 지나가요. 그것도 69개나요. 주민들은 송전탑을 다른 곳으로 옮겨 줄 것을 정부에 부탁했지만 거절당했어요.

　주민들이 반대하는 이유는 또 있어요. 고압 전선에서 강한 전자기파가 나와 암을 비롯해 질병에 걸린 사람들이 많아졌다고 해요. 학자와 시민단체는 전자기파가 건강을 해친다고 주장하지만 정부는 근거가 없다고 반박하지요. 누구의 말이 맞는지 판단하기가 어려워요.

　다만 정부가 주민의 요청을 무시하면서까지 서둘러 송전탑을 세운 데에는 숨겨진 이유가 있었어요. 2009년 당시 대통령이 아랍 에미리트와 신형 원자로를 수출하는 계약을 맺었어요. 이때 아랍 에미리트는 조건을 하나 걸었어요.

"신형 원자로가 한국에서 잘 작동하는지 먼저 확인해야겠어요."

그 신형 원자로가 바로 밀양 송전탑으로 전기를 보내는 신고리 3호기예요. 정부는 아랍 에미리트에 원자로를 수출하기 위해서라도 2015년까지 밀양을 지나가는 송전탑을 세워야 했어요. 그렇지 않으면 아랍 에미리트에 보상금을 내야 했거든요.

2014년 9월에 밀양 송전탑은 다 세워졌어요. 하지만 여전히 밀양에서 농사짓는 할아버지와 할머니 들은 송전탑 반대를 외치며 기나긴 싸움을 하고 있어요.

밀양 송전탑
인적이 드문 산이 아니라 농민들이 손수 일구는 논밭 위로 거대한 송전탑이 세워졌다.

겹겹이 쌓아 만든 원자력 발전소

방사능 유출을 막아라, 5중 방호 장치

우라늄 원자핵이 분열되면 에너지 외에 방사성 물질도 튀어나와요. 방사성 물질은 생명체에 매우 위험하기 때문에 건물 밖으로 나가면 큰일이에요. 그래서 원자력 발전소는 원자로를 중심으로 5개의 방호벽으로 겹겹이 틀어막아요. 이를 **5중 방호 장치**라고 해요.

1차 방호벽은 핵연료를 감싸는 금속 껍질, 펠릿이에요. 초콜릿을 감싼 은박지처럼 핵연료에 펠릿을 씌워 방사성 물질의 1차 유출을 막아요. 핵연료가 펠릿을 뚫고 나올 때를 대비한 2차 방호벽은 피복재예요. 피복재는 열에 강한 지르코늄이라는 금속으로 만들어져 있어요. 하지만 원자로 온도가 급격히 높아지면 펠릿과 피복재가 녹아 버리기 때문에 방사능 유출을 막을 수 없어요.

그래서 원자로 외부를 25센티미터 두께의 강철로 두르고 다시 5센티미터 두께의 두툼한 철판으로 이중벽을 쌓아요. 3차, 4차 방호벽이죠. 이렇게까지 해도 마음이 안 놓이니 120센티미터 두께의 철근 콘크리트로 최후의 벽을 쌓아요. 이 콘크리트 벽이 텔레비전이나 사진에서 흔히 볼 수 있는 회색빛을 띠는 원자력 발전소의 외벽이에요.

 1988년에 미국은 원자력 발전소의 외벽이 얼마나 튼튼한지 실험을 했어요. 사람이 뜸한 곳을 골라 실제 원자력 발전소의 외벽과 똑같은 건물을 짓고 27톤 무게의 전투기를 시속 800킬로미터 달려 콘크리트 벽과 충돌시켰어요. 결과는 어땠을까요? 비행기는 부서졌지만 벽에는 5센티미터 깊이의 흠집만 났을 뿐 멀쩡했어요.

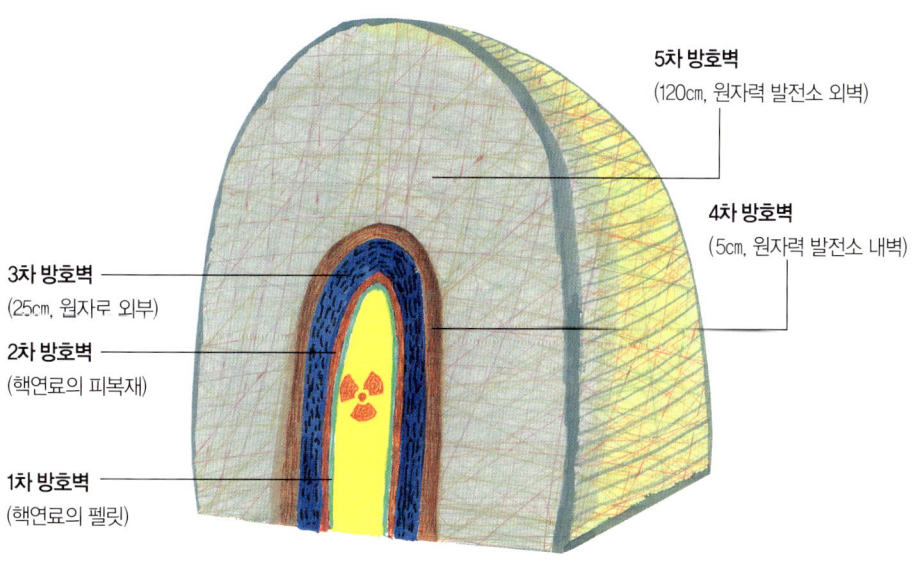

5중 방호 장치

미국은 실험 결과에 만족했어요.

그런데 1999년 9월 11일, 세계를 깜짝 놀라게 한 테러가 미국에서 일어났어요. 테러리스트들이 미국 여객기를 납치해 한 대는 뉴욕의 세계 무역 센터 빌딩에, 다른 한 대는 미국 국방부 건물에 각각 충돌시켰어요. 유명한 9·11 테러예요. 테러로 건물이 손쉽게 무너지고, 수많은 사람들이 죽거나 다친 모습을 보면서 미국 사람들은 걱정에 빠졌어요.

"만일 다음 테러가 원자력 발전소에서 일어나면 어떻게 하지?"

미국은 100기가 넘는, 세계에서 가장 많은 원자력 발전소를 가진 나라예요. 테러리스트들이 원자력 발전소를 공격할 것을 대비해 2007년에 두 번째 실험을 했어요. 이번에는 9·11 테러에 사용된 여객기와 비슷한 무게인 225톤 비행기를 콘크리트 벽에 충돌시켰어요. 이번에도 벽은 끄떡없었어요.

하지만 안심은 금물이에요! 겹겹이 벽을 쌓았으니 방사능은 절대 새어 나오지 않는다고 단언할 수는 없어요. 원자력 발전소의 외벽은 혹시 모를 방사능 유출이나 비행기 추락 사고, 적군의 미사일 공격 같은 외부 충격에는 매우 든든한 보호막이에요. 하지만 뜨거운 용광로 같은 원자로는 발전소 안에 있는걸요!

60년 넘는 원자력 발전소 역사에서 최악의 참사는 1986년에 우크라이나에서 일어난 체르노빌 원자력 발전소 사고와 2011년 일본에서 일어난 후쿠시마 원자력 발전소 사고예요. 두 사고 모두 외부에서 어떠한 충격을 받은 게 아니에요. 발전소 안에 있는 원자로에서 사고가 터진 것이죠.

폭발이 일어나자 체르노빌 원자력 발전소와 후쿠시마 원자력 발전소의 외벽은 알루미늄 포일처럼 구겨졌어요. 결국, 안전한 원자력 발전소란 이 세상에 존재하지 않아요.

그것도 알고 싶다

체르노빌 원자력 발전소 사고

1986년 4월 26일 새벽 1시, 우크라이나의 체르노빌 원자력 발전소에서 근무하던 직원들은 새로운 실험을 앞두고 있었어요.

"괜찮을까? 난 좀 무서워."

"걱정 마. 이상하다 싶으면 바로 스위치를 켤 거야."

이 실험은 정전에 대비하는 비상 훈련이었어요.

앞에서 말했죠? 모든 발전소는 터빈이라는 원통이 빙글빙글 돌면서 전기를 만들어요. 그런데 터빈은 정전이 되어도 바로 멈추지 않아요. 빠른 속도로 달리던 기차가 브레이크를 밟아도 몇 미터 더 굴러가듯 말이에요. 관성의 법칙 때문이죠.

직원들은 정전이 될 때 터빈이 얼마 동안 더 회전하는지, 그래서 어느 정도 전기를 더 만들 수 있는지 알고 싶었어요. 세상에서 가장 멍청하고

위험한 호기심이란 걸 그때는 몰랐지요.

　직원들이 전원을 차단하자 원자로 온도는 무섭게 달아올랐어요. 원자로를 식히는 냉각 장치까지 꺼졌으니까요. 직원들은 겁이 났어요. 안 되겠다 싶어 황급히 스위치를 켰지만 이미 늦었어요. 원자로가 폭발하는 데는 36초밖에 걸리지 않았어요.

　새벽 1시 36분, 거센 불길이 치솟고 천장은 어디로 날아갔는지 별빛이 보였어요. 직원 두 명은 그 자리에서 사망했고 나머지 직원들도 방사능에 피폭당했어요.

오늘날 우크라이나는 독립 국가지만 당시에는 소련의 영토였어요. 소련 정부는 사고를 알고 있었지만 굳게 입을 다물었어요. 소련이 쉬쉬하는 동안 원자로에서 유출된 방사능은 바람을 타고 서쪽으로 날아갔어요.

사고가 일어난 다음 날, 체르노빌에서 북서쪽에 있는 스웨덴의 원자력 발전소 직원들은 평소처럼 방사능을 측정하고 있었어요. 수치를 확인하던 직원들은 기겁했어요. 평소보다 6배나 많은 방사능이 나왔거든요.

방사능이 어디에서부터 퍼졌는지 알아보던 스웨덴은 소련을 의심했어요. 하지만 소련은 발뺌했어요. 곧이어 방사능은 서유럽까지 파고들었어요. 결국 소련은 사고가 나고 이틀 뒤에야 체르노빌 사고를 고백했어요.

소련은 세계가 비아냥거리는 소리를 들어야 했지만 문제는 그게 아니었어요. 여전히 타오르는 불길, 건물에서 꺼내지 못한 시신들, 날아간 천장, 무엇보다 방사능을 뿜어내는 핵연료를 거두는 일이 시급했어요.

소련은 50만 명을 뽑아 체르노빌로 보냈어요. 방사능이 유출된 지역에 들어가려면 온몸을 덮는, 우주복처럼 생긴 방호복을 입어야 해요. 그러나 그들에게 지급된 것은 마스크와 면장갑 한 켤레가 다였어요. 그들은 삽으로 건물 잔해를 치우고 땅에 묻은 방사능을 걷어 냈어요. 결국 하루에 2명 꼴로 방사능에 피폭되어 죽어 나갔어요. 구멍 난 천장을 덮는 데는 7개월이 걸렸어요. 당시에 쓰인 중장비들은 방사능에 오염되어 오늘날까지 현장에 뒹군 채 녹슬고 있어요.

체르노빌 원자력 발전소 사고로 얼마나 많은 사람이 죽거나 다쳤고, 재산을 잃었는지 지금도 정확하게 알려지지 않았어요. 4,000여 명이라고 말하는 사람도 있고 100만 명이 넘는다고 주장하는 사람도 있어요. 후쿠시마 원자력 발전소 사고에서도 그랬지만, 사고를 낸 국가는 피해를 가장 적게 계산하고, 손해를 입은 주변 국가들은 가장 많게 계산해 발표하는 경향이 있거든요.

확실한 것은 30년이 지난 오늘날에도 체르노빌 원자력 발전소의 핵연료를 모두 찾지 못했으며 간신히 덮은 천장에서는 다시 방사능이 새어 나온다는 사실이에요. 천장을 다시 덮으려면 적어도 1조 5,000억 원이 필요해요. 체르노빌 사고를 복구하는 데 약 420조 원이 들었어요. 그런데도 체르노빌은 지금도 사람이 살 수 없는 땅으로 차갑게 남아 있어요.

체르노빌의 프리피야트 시
프리피야트 시는 체르노빌 원자력 발전소의 근처에 있는 도시다.
원자력 발전소 사고로 가장 많은 피해를 입은 지역이며, 여전히 황량한 도시로 남아 있다.

4장
원자력이 뱉어 내는 독, 방사능

우리 주변 곳곳에 있는 방사선

방사능 별, 지구

우주가 만들어진 과정을 설명하는 이론 가운데, '빅뱅 이론'이 있어요. 빅뱅 이론에 의하면 약 160억 년 전, 아주 오랜 옛날에 커다란 폭발(빅뱅)이 일어나면서 우주가 만들어졌다고 해요.

폭발하면서 생긴 알갱이와 전자기파들은 우주를 유령선처럼 떠돌아다녔어요. 얼마 뒤에 먼지와 알갱이들이 서로 뭉치기 시작했죠. 작은 눈덩이를 몇 번 굴리면 눈사람이 되듯, 먼지와 알갱이가 뭉쳐진 둥근 덩어리들은 점점 커졌어요. 그러다 우주의 별이 되었죠. 지구도 그 가운데 하나였어요.

당시 지구에 생명체는 없었어요. 지구를 만든 알갱이들 가운데에는 방사성 물질이 그득했으니까요. 당시 지구는 독가스실과 같았어요.

다행스럽게도 방사성 물질에는 반감기가 있어요. **반감기**란 **방**

사능 독성이 절반으로 줄어들 때까지 걸리는 시간을 말해요. 그렇게 시간이 흐르자 지구를 가득 감쌌던 방사능은 점차 사라졌고 그 세기도 약해졌어요. 이를 기다렸다는 듯 생명체들이 하나둘 모습을 드러냈어요.

지구가 처음 만들어졌을 때와 비교하면 오늘날 방사능은 거의 없다고 말해도 될 정도예요. 하지만 완전히 사라진 것도 아니에요. 아주 적은 양이지만 여전히 방사선을 내뿜는 물질이 지구에는 많이 있어요. 지구의 자연 물질이 내뿜는 방사선이나 우주에서 내리쬐는 방사선을 **자연 방사선**이라고 해요.

자연 방사선 가운데 대표적인 것이 **우주 방사선**이에요. 우주에는 지구보다 훨씬 독한 방사선이 있어요. 지금 이 시간에도 우주는 지구를 향해 방사선을 쏘아 보내고 있지요. 우주 방사선은 하늘 높은 곳에 머물러 있기 때문에 비행기를 자주 타는 사람과 우주 비행사들에게 쉽게 노출되곤 해요.

우주 방사선 외에 우리가 먹는 바나나에 든 칼륨, 집을 지을 때 사용되는 화강암에 든 라돈, 온천물에 들어 있는 라듐도 모두 자연 방사선을 뿜어내는 방사성 물질이에요. 또 밭에 뿌리는 비료나 땅속에도 방사성 물질이 들어 있어요.

그러니까 우리들은 방사능 땅 위에 방사능 돌로 집을 짓고, 방사능이 들어간 음식을 먹으며 살고 있는 셈이에요.

인간이 만든 인공 방사선

자연 상태에서 저절로 생기는 자연 방사선과 달리 인간이 일부러 만든 **인공 방사선**도 있어요. 병원에 가면 방사선 진단과라는 곳이 있어요. 방사선 진단과 문 앞에는 원자력 발전소에서나 볼 수 있는 노란색 방사선 마크가 그려져 있죠.

방사선 마크

축구를 하다가, 혹은 계단을 내려오다 넘어져 뼈가 부러진 환자들은 방사선 진단과에서 엑스선 촬영을 받아요.

엑스선 촬영은 엑스선을 우리 몸에 쏴서 신체 내부를 검사하는 방법이에요. 엑스선 촬영과 비슷한 검사로 시티 촬영이 있어요. 둘 다 방사선을 이용해 사진을 찍는 검사지만 뼈만 찍을 수 있는 엑스선과 달리 시티는 몸속의 장기까지 촬영할 수 있어요.

또 스펙트, 페트 검사는 몸속에 방사성 물질을 집어넣어 몸속을 자세히 볼 수 있는 검사예요. 이런 정밀한 검사를 통해 우리는 암을 미리 발견할 수 있어요. 그리고 뇌, 갑상선, 심장, 혈액 등에 어떤 문제가 있는지 확인할 수 있지요.

방사선을 이용해 직접 질병을 치료하기도 해요. 대표적인 곳이 암을 치료하는 원자력 병원이에요. 암세포는 시간이 지날수록 빠르게 다른 세포를 공격하여 번져 나가는 특징이 있어요. 원자력 병원에서는 방사선을 쏴서 암세포를 공격하고 파괴시켜요.

　방사선은 소독에도 효과가 커요. 큰 병원에서는 하루에도 수많은 수술이 이루어져요. 수술용 가위와 핀셋, 장갑, 거즈 등이 더러우면 환자 몸에 세균이 감염되거나 염증이 생길 수 있어요. 그래서 방사선을 이용해 세균을 없애고 소독을 하여 청결을 유지합니다.

　방사선의 소독 기능은 음식에도 널리 사용되어요. 우리나라는 쌀을 포함한 식량의 70퍼센트를 외국에서 사들이고 있어요. 식량들이 큰 배에 실려 바다에서 오랜 시간을 보낸 끝에 우리나라로 들어오지요. 그 과정에서 신선하던 식량들이 자칫 상할 수도 있어요. 이때 방사선을 식량에 살짝 쬐면 영양소는 파괴되지 않으면서 신선한 상태를 유지할 수 있어요.

　음식물에 들어가는 방사선은 양이 아주 적기 때문에 몸에 해롭지 않아요. 몇 달 동안 지구 밖에서 생활하는 우주인들이 먹는 식량에도 방사선 처리가 되어 있지요. 또 백혈병이나 암 치료를 받는 환자들이 먹는 음식에도 방사선 처리가 되어 있어요. 면역력이 많이 떨어진 환자들은 미생물이 없는 완전한 무균식을 먹어야 하거든요.

　농촌에서는 더 나은 품질의 곡물을 만들 때에도 방사선을 사용해요. 방사선은 생명체의 유전자 질서를 변화시키는 성질, 즉 돌연

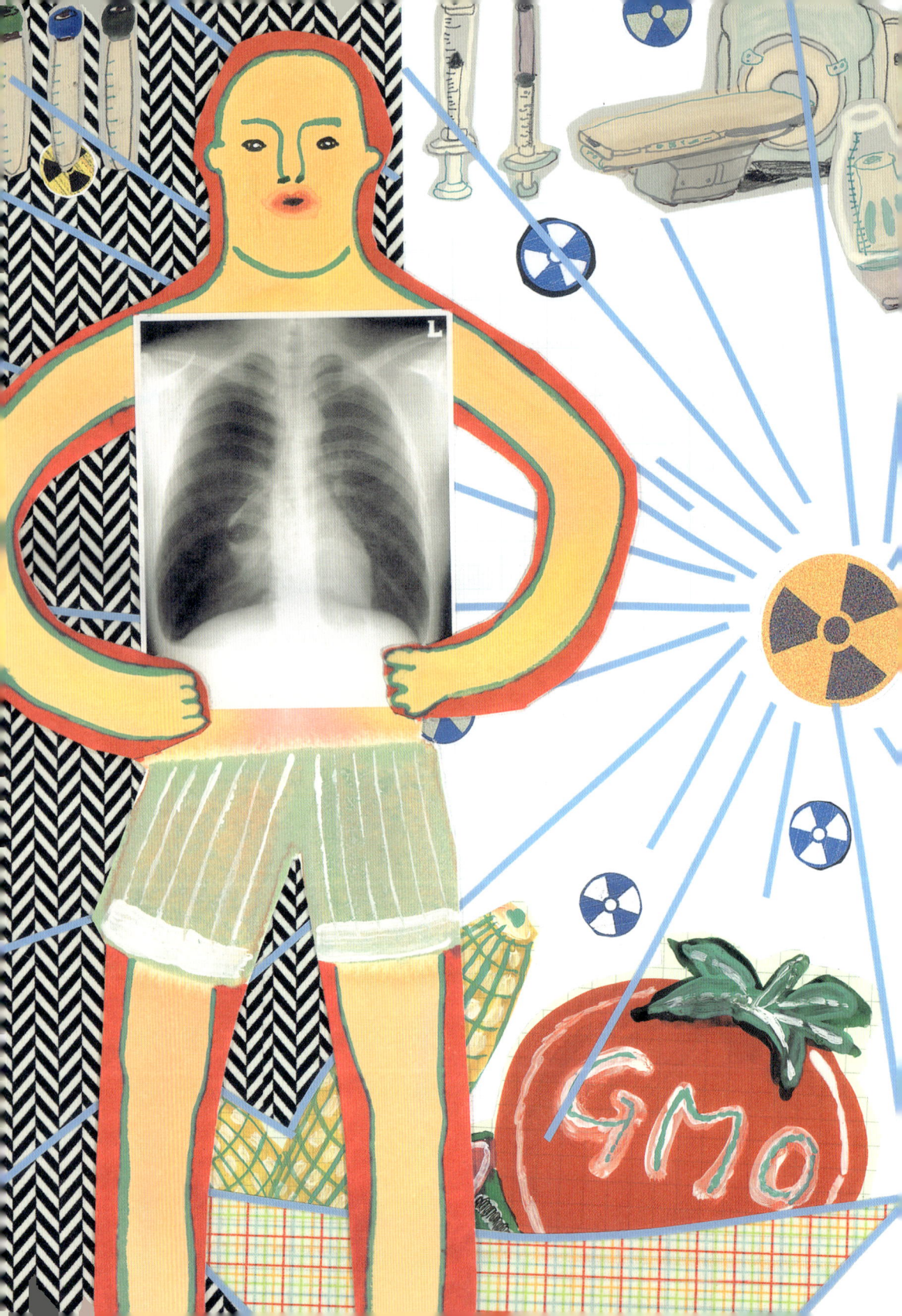

변이를 일으켜요. 돌연변이라고 하면 다리가 다섯 개 달린 토끼, 머리가 두 개 달린 거북이처럼 괴상한 모양을 한 생명체가 먼저 떠오를 수 있어요.

하지만 적은 양의 방사선을 곡물 씨앗에 쬐면 거친 땅에서도 잘 자라고 병충해에도 튼튼하며 수확량도 풍부한 품종으로 만들 수 있어요. 이렇게 방사선으로 돌연변이를 일으킨 새 품종이 팔리고 있어요. 이것을 유전자 변형 식품이라고 해요.

유전자 변형 식품을 반대하는 사람들도 많아요. 그들은 식품도 생명이고 먹는 사람도 생명체인데 유전자를 건드린 먹거리를 인간이 과연 안심하고 먹어도 되는지 걱정해요. 또 이런 돌연변이 씨앗들이 자연에 퍼지면 생태계도 무너질 수 있다고 주장하지요.

흥미로운 것은 유전자 변형 식품을 두고 미국과 유럽이 정반대의 반응을 보인다는 사실이에요. 유럽의 환경 단체는 유전자 변형 식품을 '프랑켄 푸드'라고 불러요. 시체를 부활시킨 괴물을 다룬 소설 《프랑켄슈타인》과 식품을 뜻하는 '푸드'를 합한 단어예요.

반면 미국은 유전자 변형 식품에 관대한 입장이에요. 미국은 1955년에 최초로 유전자 변형 콩을 개발한 데다 오늘날 유전자 변형 기술을 이끄는 대표적인 나라거든요.

방사선이란 무엇일까?

앞에서 방사선, 방사성, 방사능 등 여러 단어가 섞여 있어서 헷갈렸나요? 차이점을 정확히 짚을게요.

우라늄이 핵분열을 하면 원자핵이 쪼개지면서 독성이 강한 물질들이 튀어나와요. 이것을 **방사선**이라고 해요. 우라늄처럼 핵분열을 하는 물질을 **방사성 물질**이라고 불러요. 방사선을 뿜어내는 성질을 가진 물질이라는 뜻이지요. 그럼 **방사능**은 뭘까요? 방사선의 세기가 방사능이에요. 방사선을 뿜어내는 능력이 어느 정도인지 수로 표시할 수 있어요. 방사능이 높을수록 방사선의 독성이 강하는 뜻이에요.

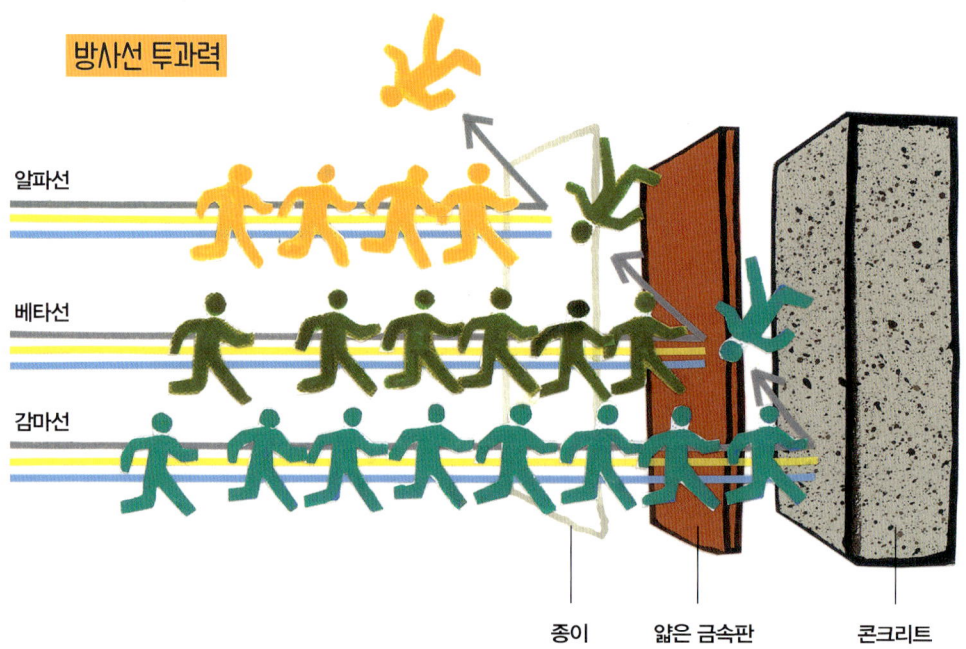

방사선은 크게 두 종류예요. 알갱이처럼 단단한 입자를 가진 종류와 빛의 성질을 가진 종류가 있지요. 알갱이냐 빛이냐에 따라 물질들에 각각 이름을 다르게 붙여요.

알갱이의 형태를 띤 방사선에는 **알파선**과 **베타선**, 빛의 성질을 가진 방사선에는 **감마선**이 있어요. 알파선은 방사성 물질 중 가장 크고 무거운 알갱이예요. 무겁다 보니 움직임도 굼떠서 물체를 잘 통과하지 못하지요. 종이 한 장만 있으면 알파선 방사능을 막을 수 있을 정도니까요. 당연히 우리 몸도 뚫고 들어오지 못하지요.

그러나 우리가 알지 못하는 사이에 알파선은 이미 몸속에 들어왔을 수도 있어요. 바로 음식물이나 공기에 알파선이 묻어 음식을 먹거나 숨 쉴 때 몸속으로 들어오는 것이지요. 방사선이 몸속으로 들어온 것을 **내부 피폭**이라고 해요. 반대로 방사선이 바깥에서 직접 세포를 뚫고 들어오는 것을 **외부 피폭**이라고 해요. 그런데 내부 피폭이 외부 피폭보다 훨씬 위험해요. 몸속에 들어온 알파선은 소화 기관과 호흡 기관을 마구 공격하거든요.

대표적인 알파선으로는 퀴리 부인이 발견한 라듐, 원자 폭탄의 연료인 플루토늄, 그리고 폴로늄이 있어요. 특히 플루토늄은 지구 상에서 가장 독성이 강한 물질로 알려져 있어요. 0.000001그램만 있어도 폐암을 일으키지요. 또 혈액을 공격해 백혈병을 일으키고 간에 흡수되면 간암을, 엄마의 배에서 자라는 태아를 기형아로 만들기도 해요.

2006년, 영국의 한 호텔에서 러시아 출신의 알렉산더 러트비넨코라는 남자가 고통을 호소하며 쓰러졌어요. 쓰러지기 전에 러트비넨코는 누군가가 배달한 홍차를 마시고 있었어요. 홍차를 검사했더니 폴로늄이라는 방사성 물질이 발견된 거예요! 폴로늄은 알파선 방사선인데 독성이 청산가리의 수천만 배가 넘어요.

러트비넨코는 숨지기 전에 러시아 대통령이 자신을 죽이려고 한 것 같다고 했어요. 러트비넨코는 러시아에서 오랫동안 정보 요원으로 활동했었어요. 그러다가 러시아 대통령을 비난하고 영국으로 숨어서 도망 다니던 상황이었어요. 러시아 대통령은 말도 안 된다며 코웃음을 쳤지만 사람들은 지금도 러시아 대통령을 의심하고 있어요. 폴로늄은 일반인은 구경하기도 힘든데다 가격도 아주 비싸거든요.

베타선 역시 알갱이 방사선이지만 알파선보다 가벼워요. 종이 정도는 우습게 뚫지만 얇은 철판은 통과하지 못해요. 하지만 우리 몸의 세포는 충분히 뚫고 들어오기 때문에 음식을 먹거나 호흡하지 않아도 피폭될 수 있어요.

베타선이 무서운 이유는 유전자 정보를 담고 있는 디엔에이(DNA)를 마구 건드린다는 점이에요. 그래서 베타선에 피폭된 사람은 돌연변이를 일으키고 면역력이 떨어져 병에 쉽게 걸려요. 베타선에는 3중 수소, 스트론튬 90, 코발트 60, 탄소 14 등이 있어요.

베타선에 얽힌 이야기가 있는데, 이번 이야기의 주인공도 러시아예요. 러시아가 옛 소련이던 시절, 북극에서 가까운 바닷가에 등대 하나가 세워졌어요. 러시아는 겨울이 오면 1년에 100일 정도가 밤이기 때문에 배를 타는 사람들에게는 등대가 꼭 필요했어요.

이 등대는 베타선을 내뿜는 스트론튬 90이라는 방사선 물질로 배터리의 빛을 냈어요. 시간이 지나자 막대한 방사선이 뿜어져 나왔는데, 체르노빌 원자력 발전소 사고와 맞먹는 양이었다고 해요. 별 수 없이 소련은 이 등대를 폐쇄하고 사람들이 들어오지 못하도록 방사능 경고 표지를 붙여야 했어요.

빛의 성질을 가진 감마선은 방사선 가운데 가장 가벼워서 일단 세상 밖으로 나오면 바람을 타고 먼 곳까지 훨훨 날아가요. 세슘이 대표적인 감마선인데, 후쿠시마 사고 때문에 유명해졌어요. 후쿠시마 사고가 발생하자 세슘은 열흘 뒤 우리나라에 도착했어요. 그리고 태평양 너머에 있는 미국에도 나타났지요.

감마선이 무서운 점은 건물 안에 숨은 사람노 공격한다는 사실이에요. 어디든지 잘 통과하여 종이나 금속으로는 막을 수 없어요. 납 혹은 철판, 콘크리트로 차단해야 해요. 원자력 발전소를 5중 방호벽에 강철과 두꺼운 콘크리트 벽으로 둘러친 것도 감마선이 건물 밖으로 흘러 나가는 것을 막기 위해서예요.

어디서든 잘 통과하는 감마선은 우리 생활에 큰 도움을 주기도 해요. 음식물에 있는 해로운 세균을 없애거나 몸속 암세포를 죽이는 데도 사용되어요. 또 수입한 물건을 실은 컨테이너를 검사할 때도 감마선을 이용해요. 컨테이너를 열지 않고도 무엇이 들어 있는지 확인할 수 있거든요.

감마선을 내뿜는 대표적인 방사성 물질 가운데 요오드 131이 있어요.

이번에는 가까운 일본 이야기예요. 후쿠시마 원자력 발전소가 폭발하면서 새어 나온 방사성 물질 가운데 요오드 131도 있었어요. 요오드 131은 목 안에 있는 갑상선에 암을 일으키는 방사성 물질이에요.

사고가 일어나자 후쿠시마 원자력 발전소 근처에 살던 주민들은 요오드를 사기 위해 약국으로 달려갔어요. 요오드를 미리 먹어 두면 갑상선암을 예방할 수 있다고 일본 정부가 말했기 때문이에요.

갑상선암을 일으키는 요오드가 갑성선암을 예방하는 약이라니, 무슨 뚱딴지같은 말일까요? 방사성 물질인 요오드 131과 약국에서 파는 요오드는 이름은 비슷하지만 성질은 달라요. 그런데 둘 다 몸 안에 들어오면 가장 먼저 갑상선 쪽으로 빨려 들어가요. 갑상선은 요오드를 무척 좋아해서 그것이 약이든 방사능이든 가리지 않거든요.

갑상선이 충분히 요오드를 흡수하면 배가 불러 나머지 요오드는 받아들이지 않아요. 예를 들어 방사성 물질 요오드 131이 먼저 몸에 들어오면 갑상선은 약이 되는 요오드를 받아들이지 않아요. 물론 그 반대의 경우도 마찬가지구요. 그래서 일본인들은 방사성 물질 요오드 131이 다가오기 전에 재빨리 요오드를 먹으려고 했던 것이에요.

그러나 5년이 지난 현재, 후쿠시마 근처에 살던 어린이들 가운데 갑상선암에 걸린 어린이들이 늘어났다고 해요. 갑상선암의 원인이 꼭 원자력 발전소 사고 때문이라고 단정하기는 어려워요. 하지만 여전히 방사능의 공포가 사람들을 불안하게 하고 있어요.

# 안전한 방사능이 있을까?

베크렐과 시버트가 뭘까?

"후쿠시마산 생선에서 3,000베크렐이 검출되었습니다."

"후쿠시마 주민들 중 절반이 5시버트 이상 피폭되었습니다."

2011년 후쿠시마 원자력 발전소 사고가 터졌을 때, 신문과 뉴스는 **베크렐**과 **시버트**라는 단어를 마구 쏟아 냈어요. 저도 하루 종일 뉴스를 봤는데 줄잡아 300번쯤 들었던 것 같아요.

흥미로운 것은 우리나라 사람들에게 설문 조사를 했더니 70퍼센트가 베크렐과 시버트를 구별하지 못했다고 하네요. 둘은 어떻게 다를까요?

후쿠시마 원자력 발전소 사고 때, 방사능에 오염된 물이 바다로 흘러갔어요. 태평양에 살고 있던 고등어 한 마리가 이 물을 꿀꺽 삼켜요. 얼마 후, 일본 어부가 이 고등어를 잡아 우리나라에 수출을 해요. 우리나라 정부는 이 고등어의 방사능 수치를 검사해요.

이때 방사능 수치를 나타내는 단위가 베크렐이에요. 베크렐 수치가 높으면 방사능이 많이 방출된다는 뜻이지요. 고등어의 베크렐 수치가 높으면 고등어를 버려야 해요.

그런데 누군가 아깝다며 버려진 고등어를 몰래 구워 먹고 아프기

고등어를 잡는다.

고등어가 방사능에 얼마나 오염되었는지 검사한다. (베크렐)

방사능에 오염된 고등어를 버린다.

버린 고등어를 몰래 먹는다.

사람도 방사능에 얼마나 오염되었는지 검사한다. (시버트)

시작해요. 병원은 이 환자에게 방사능에 얼마나 피폭되었는지를 검사해요. 이때 방사능 피폭 수치를 나타내는 단위가 시버트예요.

다시 말해 **베크렐은 식품을 비롯한 물질에 묻은 방사능 오염도를 측정하는 단위예요.** 그런데 그 오염된 물질을 사람이 먹거나 접촉하면 피폭되겠죠? **시버트는 인체가 피폭된 정도를 측정하는 단위예요.** 예를 들어 빨랫줄에 널어놓은 옷에 방사능이 날아와 묻으면 베크렐로, 그 옷을 사람이 입으면 시버트로 측정하지요.

베크렐은 방사성 물질이 1초에 핵분열하는 횟수를 가리켜요. 방사성 물질은 핵분열을 계속하면서 방사선을 내뿜거든요. 즉 핵분열을 자주 할수록 독성이 커지고 베크렐 수치도 높아져요.

물건도 사람도 다 방사능에 오염되는데, 왜 사람에게는 시버트라는 단위를 써서 따로 계산할까요?

방사성 물질에는 세슘, 요오드, 폴로늄 등 종류가 많아요. 이름도 다르지만 우리 몸에 미치는 위험도 각각 달라요. 같은 속도로 던진 공이라고 해도 고무공보다는 볼링공에 맞는 것이 훨씬 더 아프잖아요. 또 살이 푸짐한 엉덩이에 맞는 것보다 머리에 맞으면 훨씬 더 위험하고요.

방사선에는 알파선, 베타선, 감마선이 있다고 했죠? 베타선과 감마선이 고무공이라면 알파선은 딱딱한 볼링공이에요. 그래서 시버트를 계산할 때, 알파선은 베타선이나 감마선보다 20배 높은 값으로 계산해요. 또 방사선에는 피부를 공격하는 녀석이 있는가 하면, 허파를 공격하는 녀석, 신체 전부를 가리지 않고 공격하는 방사선이 있어요. 당연히 온몸을 공격하는 방사선이 더 위험하겠죠.

그러니 베크렐은 방사선이 우리 인체에 미치는 영향을 정확하게 나타낼 수 없어요. 방사선 종류마다 위험도도 다르고 공격하는 부위도 다르니까요. 하지만 시버트는 이런 것들을 종합적으로 계산해서 인체에 미치는 위험도를 나타내는 단위예요. 그래서 사람이 피폭된 정도를 측정할 때는 시버트를 사용한답니다.

방사능은 어디까지 안전할까?

우리는 알게 모르게 매일 방사선에 노출되어 살아가요. 공기처럼 우리 주변을 맴돌고 있는 자연 방사선 때문이에요. 우리에게 노출되는 방사선의 80퍼센트는 자연 방사선이고 나머지가 인공 방사선이에요.

자연 방사선 가운데 절반은 화강암 속에 있는 라돈에서 나와요. 인공 방사선 대부분은 엑스선과 시티 장비가 있는 병원과 원자력 발전소에 있지요. 싫든 좋든 우리는 방사선과 부대끼면서 살아야 해요. 그렇다면 어느 정도까지 허용해야 안전할까요?

먹거리의 경우 주로 식품 1킬로그램당 세슘이 들어 있는 정도를 측정해요. 나라마다 방사성 세슘의 허용 기준은 달라요. 우리나라와 유럽 연합, 일본은 100베크렐을, 미국은 1,200베크렐을 기준으로 삼고 있어요. 즉 우리나라는 세슘 오염도가 100베크렐보다 높은 식품은 수입할 수 없어요.

그런데 후쿠시마 사고처럼 원자력 발전소에서 나온 방사성 물질은 100가지가 넘어요. 그 가운데 세슘은 전체 방사성 물질 가운데 1퍼센트밖에 되지 않아요. 게다가 우리나라는 일본에서 가장 가까운 나라예요. 그렇기 때문에 일본산 먹거리를 수입할 때 유럽이나 미국보다 기준을 엄격하게 잡아야 한다는 지적이 일고 있어요. 세슘 오염도만으로는 먹거리의 안정성을 판단할 수 없으니까요.

시버트는 어떨까요? 시버트는 인체가 방사선에 피폭된 정도를 측정하는 단위예요. 우리나라는 국제 기준에 따라 1년에 1밀리시버트까지는 괜찮다고 보고 있어요.

그런데 이 수치는 자연 방사선을 제외하고 인공 방사선에만 적용되어요. 왜냐하면 우리나라 사람들은 이미 일 년 동안 약 2.4밀리시버트의 자연 방사선에 노출되어 있기 때문이죠.

오른쪽 표를 보면 알 수 있듯이 병원은 인공 방사선이 가장 많은 곳이에요. 참 어려운 문제이지요. 건강을 위해 몸을 꼼꼼하게 검사하려면 방사선에 노출되는 걸 감수해야 하니 말이에요.

방사선 피폭량

자연방사선	비행기 여행 (인천-뉴욕)		담배 한 갑		달에 다녀 온 우주인		브라질의 가리바리시 (연간)	
단위: 밀리시버트	0.079	0.1	0.16	1	1.8	9.7	10	6,000
인공 방사선		엑스선 1회 촬영		시티 1회 검사		종합 검진 1회 (시티 포함)		방사선 치료

*브라질 가리바리시 : 자연 방사선량이 세계적으로 높은 도시.

    같은 양의 방사선에 노출되었더라도 남자보다 여자가, 어른보다 아이가 방사선에 약해요. 특히 어린이는 세포가 활발하고 빠르게 분열되면서 쑥쑥 자라요. 그러면 방사선에 의해 파괴된 세포 유전자가 분열하면서 몸속으로 활발하게 퍼져 나가기 때문에 더욱 위험해요. 게다가 방사성 물질은 땅에 많이 묻어 있어서 흙바닥에서 뒹굴고 노는 것을 좋아하는 어린이일수록 방사선에 피폭될 위험이 높아지지요.

    앞서 말했듯 우리나라는 보통 사람들에게는 1년에 1밀리시버트까지는 방사선에 노출되어도 괜찮다고 정해 놓았어요. 반면 원자력 발전소에서 일하는 사람들에게는 20밀리시버트까지 허용하고 있어요. 일본은 우리나라보다 훨씬 높은 100밀리시버트까지 허용

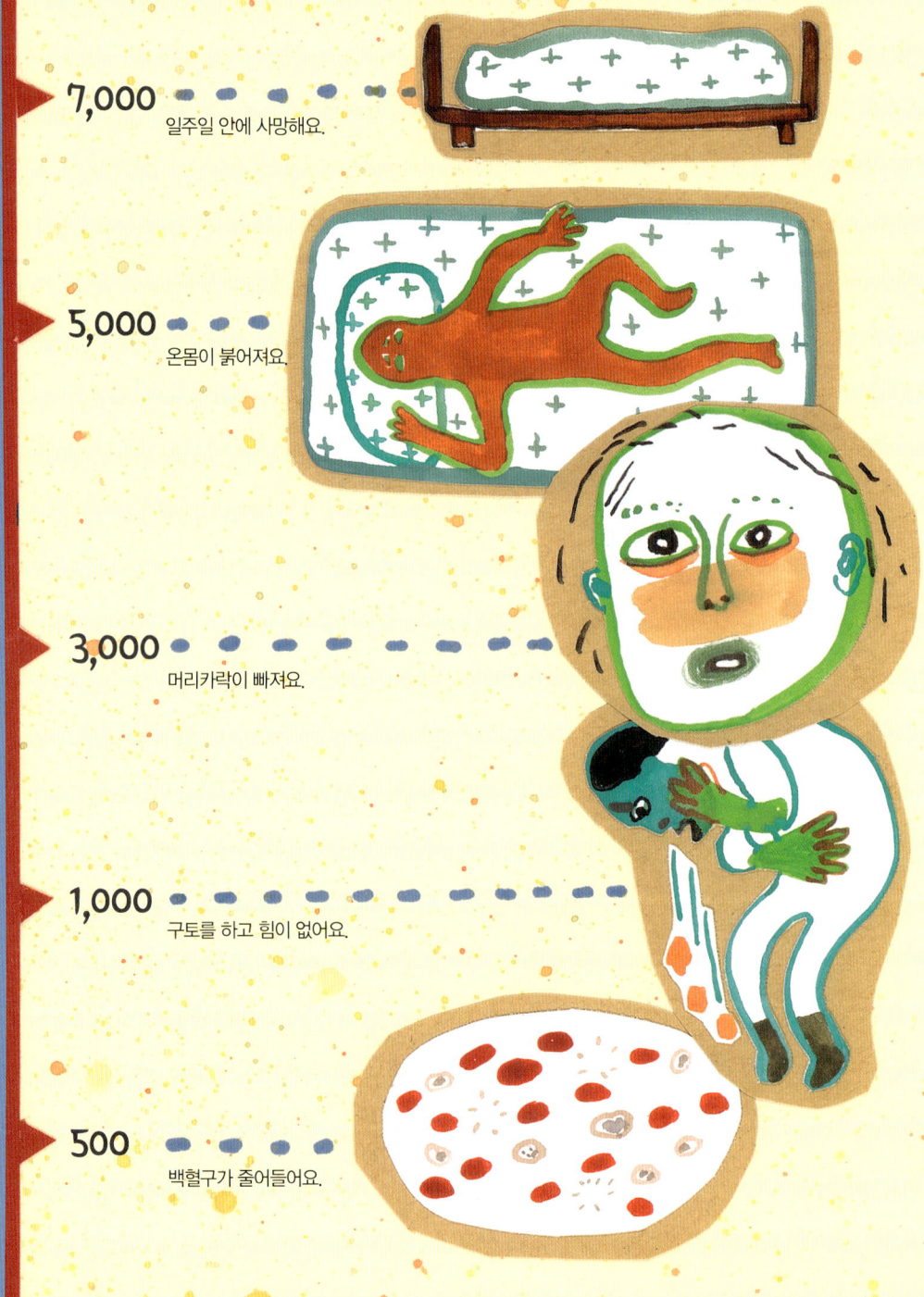

7,000 일주일 안에 사망해요.

5,000 온몸이 붉어져요.

3,000 머리카락이 빠져요.

1,000 구토를 하고 힘이 없어요.

500 백혈구가 줄어들어요.

단위 : 밀리시버트

하고요. 하지만 후쿠시마 사고가 일어나자 250밀리시버트로 기준을 더 높였어요.

그럼 이 허용 수치를 넘으면 우리 몸은 어떤 반응을 보일까요?

500밀리시버트가 되면 우리 몸의 백혈구가 빠르게 사라집니다. 백혈구는 혈액 속에서 세균과 싸우는 면역 물질인데, 백혈구 숫자가 줄어들면 면역력이 떨어져 자주 아프게 되지요. 1,000밀리시버트가 되면 구토가 일어나고, 온몸에 힘이 없어집니다. 3,000밀리시버트에 이르면 머리털이 벗겨지고 5,000밀리시버트가 되면 온몸이 붉은색으로 변해요. 그리고 7,000밀리시버트가 되면 일주일 안에 목숨을 잃어요.

이러한 천 단위가 넘는 밀리시버트나 사람을 죽음에 이르게 하는 수치는 여간해서는 일어나지 않아요. 보통 원자력 발전소 사고처럼 엄청난 양의 방사성 물질이 새어 나왔을 때 일어나죠.

후쿠시마 사고가 일어난 당시, 3호기 원자력 발전소 주변에서 시간당 약 2,000밀리시버트가 측정되었어요. 하루는 24시간이니 하루에만 4만 8,000밀리시버트가 넘는 방사능이 유출된 셈이지요.

그것도 알고 싶다

원전을 상대로 소송한 사람들

　경북 경주시의 바닷가에 대본리라는 작은 마을이 있어요. 그런데 언제부터인가 이 마을에 갑상선암에 걸린 사람들이 늘어났어요. 많은 사람들이 한꺼번에 암에 걸리다니 주민들은 이상하게 여겼어요.
　대본리에서 5킬로미터 떨어진 곳에 월성 원자력 발전소가 있어요. 주민들은 원자력 발전소에서 방사선이 새 나왔을 거라 의심했어요. 그러던 중 대본리의 한 주민이 2012년 7월에 원자력 발전소를 상대로 소송을 했어요. 그 주민은 자신을 포함한 가족 3명이 암에 걸렸는데, 아내가 갑상선암이었지요. 2년이나 걸린 소송 끝에 법원은 다음과 같이 판결했어요.
　"갑성선암은 다른 암과 달리 원자력 발전소의 영향이 크다."
　법원은 원자력 발전소에서 가까운 곳에 사는 사람들이 멀리 떨어진 곳에 사는 사람들보다 갑상선암에 걸릴 확률이 3배 가까이 높다는 연구 결과를 근거로 삼았어요. 그래서 원자력 발전소가 이 가족에게 1,500만 원을 지급하라고 판결했어요. 단, 다른 암은 안 되고 갑상선암에 걸린 아내만 해당된다는 조건이었지요.
　이 소식은 다른 원자력 발전소 근처에서 살면서 같은 병으로 고통받던 사람들에게 알려졌어요. 한 달 만에 200명이 모였고 지금은 1,000명이 넘는 사람이 집단 소송을 준비하고 있어요. 반면, 원자력 발전소는 갑상선암과 원자력 발전소는 관련이 없다며 법원의 판결을 받아들이지 않고 있어요.

무시무시한 쓰레기, 방사성 폐기물

방사성 폐기물

가정이나 식당에서 쓰레기가 나오듯 원자력 발전소에서도 쓰레기가 나와요. 사용했던 핵연료, 원자로를 식히던 냉각수, 직원들이 입었던 모자와 신발과 옷 등등. 이 쓰레기를 **방사성 폐기물**이라고 해요.

방사성 폐기물에는 방사능 세기가 낮은 순서대로 저준위 폐기물, 중준위 폐기물, 고준위 폐기물이 있어요. 준위란 위험한 정도를 뜻해요.

저준위 폐기물에는 원자력 발전소 직원들이 썼던 모자와 신발, 마스크, 장갑, 방호복 등과 병원의 방사선과에서 사용했던 주사 등이 있어요.

중준위 폐기물은 낡아서 교체해야 하는 원자력 발전소의 부품들이에요. 우리나라는 저준위와 중준위 폐기물을 따로 나누지 않고

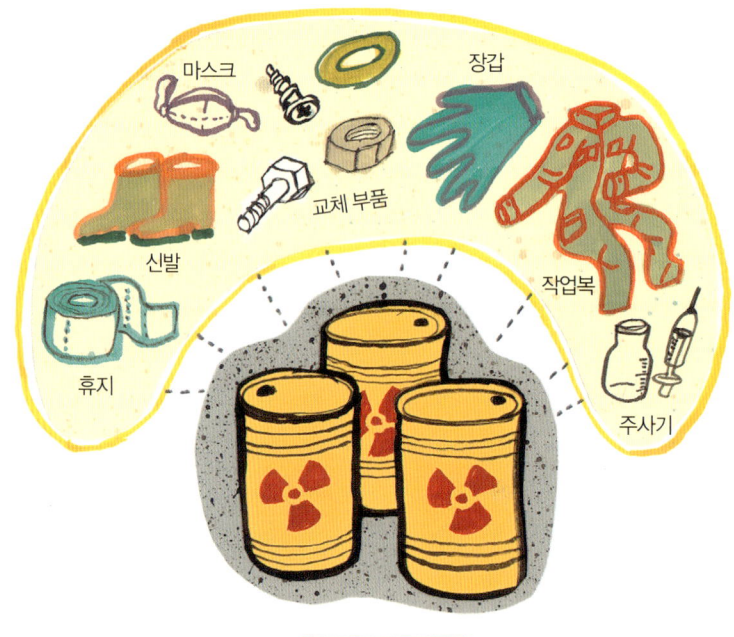

방사성 폐기물

함께 섞어서 버려요. 튼튼한 드럼통에 작업복과 신발, 모자, 발전소 부품 등을 꾹꾹 눌러 압축한 다음 뚜껑을 꼭 닫아 보관하지요.

가장 위험한 **고준위 폐기물**은 **사용 후 핵연료**, 즉 원자로에서 에너지 연료로 다 쓴 우라늄을 가리켜요. 다 쓴 우라늄이라 하더라도 여전히 뜨겁고 방사능도 내뿜기 때문에 상당히 위험해요. 사용 후 핵연료 앞에 어떤 사람이 무심코 서 있으면 약 17초 만에 사망할 정도이지요.

원자력 발전소에서는 이 핵연료를 물속에 넣고 식혀요. 원자력 발전소 안에는 사용 후 핵연료를 식히는 커다란 수조가 있어요. 작은 수영장과 맞먹는 크기의 이 수조는 예쁜 파란색을 띠고 있어요. 언뜻 시원해 보이지만 핵연료에서 나오는 열기로 실제 온도는 온탕처럼 뜨끈해요. 색깔이 파란 것은 핵분열을 억제하는 붕산이라는 물질을 물에 풀어 놓았기 때문이에요.

핵연료는 수조 속에서 약 6년간 열을 식혀요. 그런 다음 높이 6.5미터, 두께 1미터의 콘크리트 안으로 들어가 공기로 말리면서 열을 식혀야 해요.

수조에 저장된 사용 후 핵연료
고리 원자력 발전소 안에 있는 저장 수조. 사용 후 핵연료를 보관하는 곳이다.

하지만 언제까지 폐기물을 수조나 드럼통에 넣어 둘 수는 없어요. 지금까지는 원자력 발전소 앞마당에 폐기물을 묻었지만 늘어나는 폐기물을 보관할 공간이 부족해지고 있어요.

해마다 우리나라 원자력 발전소에서는 약 800톤의 사용 후 핵연료가 쏟아져 나오고 있어요. 일반 쓰레기는 분리수거를 하거나 불에 태워서 그 양을 줄일 수 있지만 핵연료는 그럴 수 없어요. 낙엽처럼 태우거나 바다에 버릴 수도 없지요.

방법은 딱 한 가지! 방사능 유출을 막아 주는 통에 넣은 뒤 사람이 뜸한 곳을 찾아 땅을 깊이 파서 묻는 것뿐이에요. 이 쓰레기 매립장을 **방사성 폐기물 처분 시설**, 줄여서 **방폐장**이라고 불러요.

도대체 방폐장을 어디에 지어야 해?

방폐장을 지으려면 몇 가지 조건이 필요해요. 우선 땅을 100미터 넘게 팔 수 있는 곳이어야 하고, 땅바닥이 물렁하거나 지하수가 많이 흘러선 안 돼요. 땅바닥이 약하면 방사성 폐기물이 땅속으로 빨려 들어가 토양을 오염시키거든요.

방사성 폐기물을 담은 드럼통은 철로 만들어졌어요. 철은 습기와 만나면 녹이 슬어 약해지지요. 그래서 땅속에 지하수가 흘러도 안 돼요. 만일 방사성 폐기물이 녹슨 드럼통을 뚫고 나와 지하수에 섞여 강이 오염되면 어떻게 될까요? 주변 지역과 주민들이 모두 방사능에 오염되는 끔찍한 재앙이 벌어져요.

간신히 그런 땅을 찾았다고 해도 문제는 여전히 남아 있어요. 바로 지역 주민의 반발이에요. 우리 동네에 쓰레기 매립장이 생기는 것을 좋아하는 사람은 없어요. 보기에도 안 좋지만 바람이 불면 악취가 날아들거든요.

하물며 쓰레기보다 훨씬 위험한 방폐장을 우리 동네에 짓겠다는데 누가 박수를 치겠어요? 그래서 정부는 사람들이 가급적 적게 사는 시골이나 섬을 생각해 두었어요. 사람들이 많이 사는 큰 도시일수록 반대가 심할 게 뻔하니까요.

방폐장을 찾던 정부는 1990년에 충청남도 안면도를 방폐장 부지로 결정했어요.

"섬에 산다고 무시하는 겨? 우리도 방폐장은 싫어유."

안면도 주민들이 격렬하게 반대하자, 정부는 하는 수 없이 1994년에 또 다른 섬인 굴업도로 눈길을 돌렸어요. 그런데 굴업도의 땅을 조사했더니 지진이 일어날 수도 있다는 사실이 밝혀졌어요. 정부는 얼른 굴업도를 포기했어요. 핵폐기물이 가득 저장된 땅에서 지진이 일어나면 핵폭탄이 터지는 것과 다름없으니까요.

2003년, 정부는 전라남도 부안을 선택했어요. 그러자 부안 주민들의 92퍼센트가 방폐장 설립에 반대하여, 정부의 계획은 물거품이 되었어요.

방폐장 지을 곳을 찾지 못하자 정부는 방법을 바꾸었어요. 지금까지 정부는 땅을 먼저 찾고 주민들을 설득해 왔어요. 그러나 2005년부터는 방폐장을 원하는 지역을 먼저 찾았어요. 방폐장을 짓는 지역에 경제적인 지원을 해 준다는 약속을 하고요.

그러자 4개 도시가 손을 들었어요. 그 가운데 지역 주민들이 가

경주 방사성 폐기물 처분 시설
경주 방폐장의 사일로 내부 모습. 사일로 안에 방사성 폐기물을 담은 드럼을 보관한다.
사일로 1기에 6,700개의 드럼통이 들어간다.

장 많이 찬성한 경주가 선정되었어요. 우리나라에 원자력 발전소가 생긴 지 30년 만이었어요.

하지만 반대표를 던진 경주 시민들과 시민 단체들은 경주가 방폐장에 적합한 땅이 아니라며 반대 시위를 벌였어요. 실제로 땅은 약하고 지하수까지 발견되어 공사는 계속 늦어졌어요.

우여곡절 끝에 2014년 6월, 공사 시작 후 8년 만에 1단계 방폐장이 완성되었어요. 지하 130미터 깊이에 철근을 넣어 만든 콘크리트로 벽을 만들었어요. 그 벽은 원자력 발전소 건물보다 더 두꺼워요. 7단계까지 완성되면 방사성 폐기물을 넣은 드럼 80만 개를 약 300년 동안 보관할 수 있어요. 300년이 지나야 방사능이 내뿜는 독성이 거의 없어지거든요.

경주 방폐장은 중·저준위 방사성 폐기물, 즉 원자력 발전소 직원들이 사용한 장갑이나 작업복, 낡은 발전소 부품을 보관하는 곳이에요. 고준위 폐기물인 사용 후 핵연료는 여전히 원자력 발전소 앞마당에 잔뜩 묻혀 있어요. 이 핵연료를 언제, 어느 곳에, 어떻게 버릴지 정부는 엄두도 못 내고 있어요. 더욱 놀라운 것은 원자력 발전소가 있는 다른 나라에도 고준위 방폐장이 없다는 사실이에요.

세계에서 딱 하나 있는 고준위 방폐장

핀란드의 서쪽에 위치한 올킬루오토 섬에서는 11년 째 거대한 작업이 진행되고 있어요. 바로 사용 후 핵연료를 보관하는 세계 최초의 고준위 방폐장 온칼로를 만드는 일이에요.

온칼로는 경주 방폐장과는 비교도 할 수 없는 대규모 공사예요. 땅속에 수직으로 100미터를 파고 들어간 경주 방폐장과 달리 온칼로는 지하에 미로처럼 지그재그로 5킬로미터의 터널을 뚫고, 그 끝 부분에 핵연료를 보관하는 공간을 만들고 있어요.

방폐장을 지을 땅을 고르는 데에만 16년이 걸렸어요. 그리고 그

고준위 방폐장 온칼로 내부
유럽의 핀란드에서 만들고 있는 세계 최초의 고준위 방폐장인 온칼로의 내부 모습.

후 10년 동안 이 땅에 방폐장을 지어도 안전한지 검사를 했어요. 검사를 마친 뒤 2004년부터 공사에 들어갔어요. 100년을 넘어서 22세기가 되어야 온칼로 공사는 끝나, 두꺼운 콘크리트로 닫힌 거대한 핵연료 무덤이 완성되어요.

이렇게 시간이 오래 걸릴 정도로 신중에 신중을 거듭하는 이유는 핵연료를 보관하는 일이 그만큼 위험하고 어렵기 때문이에요. 경주 방폐장 같은 중·저준위 폐기물은 300년 동안 보관하지만, 사용 후 핵연료는 10만 년 동안 보관해야 하거든요.

"10만 년 전, 지구는 어떤 모습이었을까?"

"엄청 추웠던 빙하기가 시작되었다가 1만 년 전에 끝났대."

과학자들은 지금으로부터 6만 년 뒤에, 지구는 다시 빙하기가 될 거라고 예상해요. 그때가 되면 두께가 2킬로미터가 넘는 거대한 얼음이 지하에 있는 동굴을 짓누르게 될 거라고 해요. 그래서 방폐장을 짓는 핀란드 기술자들은 얼음의 부피와 무게까지 예측해 튼튼하게 지으려 애쓰고 있어요.

하지만 문제는 또 있어요. 6만 년이 지나고 빙하기에서 살아갈 미래의 인류가 우연히 이 동굴을 발견했다면? 그들은 이곳이 굉장히 위험한 곳이라는 걸 알 수 있을까요? 그들에게 이곳이 위험한 고준위 방폐장이란 걸 어떻게 알릴 수 있는지, 그것이 문제예요.

오늘날의 뛰어난 학자들도 수천년 전에 만들어진 글자들을 완전히 해석하지 못해요. 글자는 물론 언어와 기호도 시간이 흐르면 의미가 변하지요.

10만 년 뒤에 고준위 방폐장을 발견한 후손들이 동굴 입구에 있는 방사선 마크가 무엇을 의미하는지 모를 수도 있어요. 위험한 것인지도 모른 채 방사선이 뿜어져 나오는 동굴 입구를 열어 버린다면 돌이킬 수 없는 재앙이 인류에게 닥칠 거예요.

비용 또한 만만치 않아요. 온칼로의 총 공사비는 약 4조 6,000억 원이 들었어요. 경주 방폐장에 약 6,000억 원이 들었으니까 공

사비만 7배가 넘어요. 사실 우리나라도 고준위 방폐장이 하루 빨리 들어서야 해요. 정부도 이런저런 계획을 세우고 있지만 언제 시작할지도 아직 정하지 못했어요.

고준위 방폐장은 경주 방폐장과는 비교도 되지 않는 거대한 사업이에요. 핀란드에서 짓고 있는 온칼로의 땅 넓이는 우리나라 경기도의 땅 넓이와 비슷해요. 경기도면 우리나라 면적의 10퍼센트인데, 좁은 우리나라에서 그만한 땅을 찾기란 쉬운 일이 아니에요. 4조 원이 넘는 비용도 부담스럽지요. 우리나라뿐만 아니라 일본, 미국, 프랑스도 사정은 마찬가지예요.

원자력 발전소가 지어진 지는 60년이 넘었는데, 왜 고준위 방폐장 건설은 제자리걸음일까요? 원자력 발전소가 본격적으로 지어지던 1960년대에 사람들은 사용 후 핵연료를 어떻게 처리할지 별로 걱정하지 않았어요. 그들은 급속하게 발전하는 과학 기술만 믿을 뿐이었죠.

"뭐, 대충 50년 뒤에는 핵연료를 처분하는 기술이 나오겠지."

지난 50년 동안 인류는 달에 다녀왔고 인공 지능 컴퓨터를 발명했으며 에이즈 치료약도 개발했어요. 그러나 핵연료를 처리하는 획기적인 기술은 개발하지 못했어요. 겨우 찾아낸 방법이 작업복과 장갑을 땅에 묻는 것이었죠.

인류는 원자력을 너무 쉽게 생각했고, 그 결과 원자력 발전소를 가진 나라들은 발등에 불이 떨어졌어요. 일본은 원자력 발전소를 화장실 없는 아파트라고 불러요. 배설물을 버릴 장소가 없다는 뜻이에요.

현재 우리나라는 원자력 발전소 앞마당에 건물을 지어 사용 후 핵연료를 보관하고 있어요. 예상대로라면 고리 원자력 발전소는 2016년, 영광 원자력 발전소와 월성 원자력 발전소는 2018년 그리고 울진 원자력 발전소는 2019년이 되면 더 이상 사용 후 핵연료를 저장할 곳이 없어요.

후쿠시마 사고가 일어나고 나흘 뒤, 독일 정부는 2022년까지 모든 원자력 발전소를 폐쇄하겠다고 선언했어요.

탈핵(脫벗어날 탈, 核원자핵 핵), 더 이상 원자력 에너지에 의존하지 않겠다는 의지를 보여 준 것이었어요. 독일이 탈핵을 선언하자 벨기에, 스위스, 스웨덴, 이탈리아도 잇달아 탈핵에 동참했어요. 사고를 낸 일본도 모든 원자력 발전소를 폐쇄하겠다고 발표했어요.

독일에서 시작된 탈핵 바람은 우리나라에도 불어왔어요. 여러 시민 단체를 중심으로 활발하게 탈핵 운동이 일어났어요. 이제 탈핵은 거스를 수 없는 흐름처럼 보였어요. 그러나 현실은 그렇지 않았어요.

탈핵을 하겠다던 일본 정부가 느닷없이 말을 바꾸었어요. 다시 원자력 발전소를 가동하기로 결정한 거예요. 중국은 5년 안에 20기 이상의 원자력 발전소를 추가로 짓겠다고 발표

했어요. 사우디아라비아, 베트남, 영국도 원자력 발전소를 늘리겠다는 의지를 보였어요. 우리나라도 9기의 원자력 발전소를 더 짓겠다는 계획을 세웠어요.

왜 어떤 나라는 원자력 발전소를 포기하고, 또 어떤 나라는 원자력 발전소를 계속 지을까요? 원자력 발전소를 두고 찬성과 반대가 엇갈리는 이유는 무엇일까요?

지금부터 그들의 이야기를 하나씩 들어 보도록 해요.

원자력은 깨끗한 에너지일까, 아닐까?

원자력은 깨끗한 친환경 에너지예요

그리스 신화에 '가이아'라는 신이 나와요. 가이아는 대지의 여신, 즉 지구를 뜻해요. 생태학자이자 환경 운동가인 제임스 러브록은 1978년에 유명한 '가이아 이론'을 발표했어요.

가이아 이론은 오늘날의 지구가 **온실가스** 때문에 끙끙 앓고 있다는 내용이에요. 온실가스가 지구 대기를 오염시켜 한여름에 눈이 내리고, 북극의 얼음이 녹는 이상 기후 현상이 벌어진다고 말해요. 온실가스의 대부분은 인류가 석탄과 석유를 태울 때 발생하는 이산화탄소 때문에 만들어진다고 해요. 따라서 병든 가이아를 치료하려면 이산화탄소를 내뿜는 화석 연료 대신에 원자력 발전소에 의존해야 한다고 주장했어요.

또 다른 환경 운동가인 스튜어트 브랜드도 비슷한 말을 했어요. 화력 발전소를 포함하여 지구에서 태우는 석탄은 매일 1만 9,000

여 톤의 이산화탄소를 발생시켜요. 하지만 원자력 발전소는 이산화탄소를 내뿜지 않지요. 따라서 지구 환경을 위해서라도 깨끗한 원자력 사용을 늘려야 한다고 주장했어요.

물론 바람을 이용한 풍력이나 태양열을 이용한 태양광, 수력 발전도 이산화탄소를 내뿜지 않으며 계속 사용할 수 있어 경제적인 에너지예요. 그러나 스튜어트 브랜드는 이런 에너지 또한 자연환경을 해치고 오염시킨다고 말해요.

찬찬히 살펴볼게요. 수력 발전소를 건설하려면 댐을 지어야 해요. 댐을 만들면 주변에 있는 논과 밭, 마을은 물론 야생 동물의 터전이 순식간에 물에 잠겨 버려요. 연어처럼 바다로 나갔다가 고향으로 돌아오는 회귀성 어류들은 높은 댐을 올라가지 못해 쩔쩔매죠. 원래 강물은 흐르면서 진흙과 미생물을 하류에 운반해 토지를 비옥하게 만들어요. 또 물속에 사는 생물이 살아가는 데 적절한 환경을 만들어 주지요. 사람이 자연의 흐름을 거스르고 만든 댐은 생태계를 어지럽혀요.

풍력 발전소에 대해서도 한번 알아볼까요? 풍력 발전소를 지으려면 원자력 발전소보다 70배나 넓은 땅이 있어야 해요. 또 높이 100미터의 기둥 위에서 25미터가 넘는 날개가 바람에 핑핑 돌아가면 사람은 물론 새들도 위험할 수 있어요. 게다가 날개가 돌아갈 때마다 삐꺽대는 소음은 동물들에게 공포를 일으켜요.

태양광 발전소 역시 환경과 생태계에 악영향을 끼쳐요. 햇빛을 흡수하는 패널을 설치하려면 원자력 발전소의 300배가 넘는 땅이 필요해요. 그 넓은 땅에 자라는 풀과 나무를 모두 베어 내고 패널을 설치해야 하지요. 광합성을 통해 온실가스인 이산화탄소를 흡수하고 산소를 공급하는 고마운 존재들을 말이에요.

반면 원자력 발전소는 넓은 땅이 필요 없어 생태계를 파괴하지 않아요. 게다가 이산화탄소를 만들지 않기 때문에 친환경적인 에너지예요.

원자력은 친환경 에너지가 아니에요

의사이자 반핵 운동가인 헬렌 칼디코트는 원자력 발전소도 이산화탄소를 내뿜는다고 말해요. 원자력 발전소 하나에 필요한 우라늄을 가지려면 평균 4,000만 톤의 바위를 캐야 해요. 그리고 이 바위를 부숴야 하는데, 사람의 힘으로는 어림없고 불도저와 트럭 등 큰 기계들이 있어야 해요. 하나같이 화석 연료로 움직이는 기계들이죠. 또 부서진 우라늄은 공장에서 핵연료로 만들어지는 과정을 거쳐요. 이때도 많은 양의 전기가 사용되어요.

원자력 발전소 건물을 지을 때도 이산화탄소가 많이 나와요. 여느 건물처럼 원자력 발전소도 시멘트를 사용해 지어요. 시멘트는 지구 온난화를 일으키는 대표적인 물질로서 1톤을 만들 때 약 0.9톤의 이산화탄소를 내뿜어요.

그런데 원자력 발전소는 방사능이 새어 나오면 안 되니까 외벽을 두껍게 만들어요. 그만큼 시멘트 양이 늘어나고, 결과적으로 이산화 탄소를 많이 발생시키지요. 방폐장을 지을 때도 마찬가지고요.

국제 원자력 기구는 원자력 발전소가 1킬로와트시(1시간에 변환 또는 소비되는 에너지를 1와트시라고 하고, 이것의 1,000배를 1킬로와트시라고 함)의 전력을 만드는 데 약 10그램의 이산화탄소를 내뿜는다고 발표했어요. 이 수치는 석탄이 탈 때 내뿜는 이산화탄소 양의 100분의 1밖에 안 되며, 재생 에너지인 풍력이나 태양광 에너지가 쏟아 내는 이산화탄소 양보다 낮아요.

하지만 이 결과에 의문을 품은 한 연구진들은 다시 조사를 했어요. 우라늄을 캘 때부터 원자력 발전소를 폐쇄하기까지 모든 과정을 계산한 거지요. 그 결과, 원자력 발전소가 1킬로와트시의 전력을 만들 때 약 60그램의 이산화탄소가 나온다고 발표했어요.

미국의 마크 제이콥슨 박사 또한 원자력 발전소가 풍력과 태양광 발전소보다 6~60배 정도 이산화탄소를 많이 내뿜는다고 주장했어요. 물론 화력 발전소에서 화석 연료를 태울 때 나오는 이산화탄소 양의 3분의 1 수준이라는 연구 자료도 있고요.

그런데 원자력이 환경에 치명적인 이유는 이산화탄소 때문만이

아니에요. 사람들이 잘 모르는 중요한 사실이 한 가지 있어요. 바로 우라늄 광산에서 일어나는 방사선 오염이에요.

우라늄을 캐내는 회사들은 우라늄을 함유한 광석에 든 1퍼센트의 우라늄을 뽑아내고서 나머지 99퍼센트 덩어리는 아무 데나 버리고 있어요. 이 잔여물들을 슬러지라고 해요.

슬러지에는 방사성 물질을 비롯해 여러 독성 물질들이 잔뜩 도사리고 있어요. 슬러지도 핵폐기물처럼 엄격하게 보관되어야 하지만 돈벌이에 급급한 회사들은 뒤처리에 관심이 없어요.

아무렇게나 쌓인 슬러지에서 방사성 물질이 새어 나와 땅과 대기, 지하수로 빠르게 퍼지고 있어요. 그 결과 독일의 우라늄 광산에서 광부 1만여 명이 방사능에 피폭되었고, 광산 주변에 살던 사람들은 다른 지역에 비해 2배나 많은 사람들이 암에 걸렸어요.

오염된 환경을 복구하려면 엄청난 시간과 비용이 필요해요. 미국은 슬러지로 인한 피해 복구에만 수십억 달러가 들 것으로 보고 있어요. 독일 역시 약 8조 4,500억 원이 필요해요.

이렇듯 이산화탄소만 환경을 위협하는 게 아니에요. 슬러지로 인해 방사능에 오염된 사례만 보더라도 원자력 에너지는 결코 깨끗하지 않아요. 언제 터질지 모르는 방사능 누출 사고의 위험을 빼고서라도 말이죠.

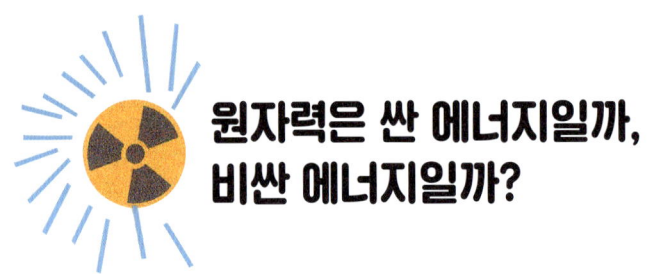
원자력은 싼 에너지일까, 비싼 에너지일까?

원자력은 값싼 에너지예요

발전소에서 전기를 만드는 데는 적지 않은 돈이 들어요. 땅을 사고, 건물 짓고, 외국에서 에너지원을 사 와야 하며, 직원들에게 월급도 줘야 해요. 이렇듯 전기를 만들 때 드는 비용을 **발전 단가**라고 해요. 발전 단가는 발전소마다 달라요. 한국 전력이 2012년에 발표한 자료에 의하면 아래와 같아요.

우리나라의 에너지 발전 단가

	태양력	천연가스 (LNG)	풍력	석유	석탄	원자력
발전 단가 (1kWh당)	716원	162원	107원	91원	43원	39원

표만 보더라도 태양력이 가장 비싸고 원자력이 가장 저렴한 것을 한눈에 알 수 있네요. 게다가 원자력은 발전 단가가 들쑥날쑥하지 않다는 장점도 있어요.

화력 발전소에서 전기를 만들 때 드는 비용의 약 60퍼센트는 석탄과 석유, 천연가스 등 화석 연료를 사들이는 데 있어요. 그러다 보니 화석 연료의 가격이 오르면 화력 발전소의 전체 비용도 덩달아 늘어나요.

물론 원자력 발전소도 외국에서 우라늄을 수입해요. 하지만 원자력 발전소 비용에서 우라늄 값은 20퍼센트 정도만 차지해요. 그러니까 우라늄 값이 올라도 발전 단가와는 큰 상관이 없는 거죠.

실제로 1982년 이후, 우리나라의 물가가 약 3배 가까이 오르는 동안 전기 요금은 그 절반도 오르지 않았어요. 1980년대부터 원자력 발전소를 많이 지었기 때문에 가능한 일이었어요. 만일 다른 발전소로 모든 전기를 생산했다면 화석 연료를 수입하는 데 많은 비용을 치러야 했을 거예요. 그러면 우리는 더 비싼 요금을 내고 전기를 사용했겠죠.

또 원자력은 다른 나라로부터 스스로를 보호하는 데에도 중요한 역할을 해요.

예를 들어, 유럽의 우크라이나는 러시아에게 천연가스를 공급받아 왔어요. 그런데 둘 사이가 정치적인 문제로 비틀어지자 러시아는 천연가스를 더 이상 내주지 않았어요. 우크라이나에게는 참 곤란한 일이었죠.

중국과 인도의 경제 성장도 세계 에너지 소비에 큰 영향을 끼쳤어요. 두 나라는 세계에서 인구가 가장 많고 땅덩이도 넓어요. 그런데 두 나라가 공장 등 경제 기반 시설을 적극적으로 짓기 시작하면서 세계의 많은 지하자원이 여기에 투입되었고, 결과적으로 국제 에너지 가격이 무섭게 치솟고 있지요.

오늘날 전 세계는 에너지를 더 많이 차지하기 위해 치열한 경쟁을 벌이고 있어요. 이런 상황에서 에너지를 다른 나라에 의존해 쓴다는 것은 치명적인 일이에요. 지하자원이 부족한 우리나라에게 원자력은 가장 안성맞춤인 에너지일지도 몰라요.

원자력은 가장 비싼 에너지예요

원자력이 가장 싸다니, 계산을 정확히 한 건지 모르겠네요.

혹시 여러분은 어머니가 쓰는 가계부를 본 적 있나요? 가계부에는 그날 쓴 돈의 내용이 조목조목 적혀 있어요. 마트에서 산 식품, 전기세, 가스비, 여러분이 행복하게 받은 용돈도 있죠. 다른 말로 이것을 '비용'이라고 불러요.

그런데 가계부에 적는 비용에는 보험료라는 것도 있어요. 가족

중에 아픈 사람도 없는데 왜 매달 보험료를 낼까요? 다치거나 큰 병에 걸리면 비싼 병원비나 치료비를 보험으로 대신할 수 있어요. 사람뿐만 아니라 건물에도 보험을 들어요. 불이 나서 집이 홀라당 타면 낭패잖아요. 지금은 좀 아깝더라도 미래를 생각해 기꺼이 보험료를 내는 거예요.

원자력 발전소도 준비해야 할 미래가 많아요. 지금 당장은 우라늄을 수입하고, 부품을 새것으로 교체하고 직원들 월급을 주는 데 비용을 들이지요. 하지만 원자력 발전소의 수명이 끝나고 난 뒤에 들어갈 비용도 미리 계산해야 해요. 원자력 발전소를 철거하는 비용, 경주 방폐장처럼 핵폐기물을 처리하는 비용, 체르노빌이나 후쿠시마처럼 사고가 났을 때 피해를 복구하는 비용과 다친 사람들에게 주는 보상금도 미리 계산해야 하죠. 이 비용까지 모두 계산해야 정확한 발전 단가라고 할 수 있어요.

한국 전력의 자료에 따르면 원자력의 1킬로와트시당 발전 단가는 39원이에요. 물론 원자력 발전소의 철거 비용까지 넣어서 계산한 수치라고 했어요. 그런데 우리나라는 아직 원자력 발전소를 해체하고 철거한 경험이 없어요.

원자력 발전소를 해체해 본 유럽은 원자력 발전소 1기를 폐쇄하는 데 약 1조 2,000억 원을 들였대요. 반면 우리나라 원자력 발전소 측은 폐쇄 비용을 약 4,000억 원으로 계산했어요. 1기당 8,000

억 원이나 차이가 나지요. 현재 원자력 발전소가 24기니까, 모두 해체하는 데 필요한 돈은 유럽식으로 계산하면 약 28조 원이고, 우리나라식으로 계산하면 약 9조 원이에요. 무려 19조 원이나 차이가 나요. 더구나 이 발전 단가에는 사고 후 복구와 보상하는 데 드는 비용이 빠져 있어요. 이에 원자력 발전소 측은 다음과 같이 말해요.

"우리만 그런 게 아닙니다. 일본도 복구, 보상 비용은 계산하지 않았다고요."

일본의 경우 후쿠시마 사고가 일어나기 7년 전인 2004년에 원자력의 발전 단가를 89원이라고 발표했어요. 물론 여기에는 피해 복구 비용이 빠져 있어요. 하지만 후쿠시마 사고가 일어나자 피해 복구에만 적어도 80조 원이 필요했어요.

일본 정부는 부랴부랴 다시 계산을 했어요. 피해 복구 비용을 넣자 발전 단가는 134원으로 껑충 올랐어요. 미국의 연구원들도 이런 비용을 모두 넣어 계산해 보았어요. 그랬더니 원자력 발전소의 단가가 모든 발전소들 가운데 가장 비싸다는 결과가 나왔어요.

사용 후 핵연료를 다시 쓸 수 있다, 없다?

사용 후 핵연료는 재사용이 가능해요

경주 방폐장이 완성되었으니 중·저준위 폐기물은 그곳에 보관할 수 있어요. 하지만 고준위 폐기물인 사용 후 핵연료가 문제예요. 계속해서 늘어나는 사용 후 핵연료를 계속해서 원자력 발전소 앞마당에 쌓아 둘 수는 없으니까요. 많은 사람들이 이 문제로 불안해하고 있지요.

하지만 이것도 걱정할 것 없답니다. 여러분이 우려하는 만큼 사용 후 핵연료를 무작정 쌓아 두는 게 아니에요. 우리가 버리는 쓰레기들 가운데는 종이나 유리병, 금속처럼 재활용이 가능한 것들이 있지요? 다 사용 후 핵연료도 마찬가지예요. 이 재활용 방법을 **핵연료 재처리**라고 해요.

사용 후 핵연료를 재활용하면 우라늄을 적게 수입해도 되니까 돈을 절약할 수 있어요. 또한 방사능 독성은 1,000분의 1로 줄일

수 있고 쓰레기도 95퍼센트나 없어지니 일석삼조 예요.

그런데 왜 아직도 사용 후 핵연료를 재처리를 하지 않고 쌓아만 둘까요? 앞에서 우리나라는 다른 나라의 눈치를 보느라 핵연료 농축도 마음대로 할 수 없었다고 했죠? 우라늄을 농축할 때 농축 비율을 높이면 핵무기 원료가 만들어지니까요. 그런데 사용 후 핵연료도 재처리를 거치면 **또 다른 핵폭탄 원료**가 만들어져요. 그것이 **플루토늄**이라는 물질이에요.

우리나라는 이미 핵 확산 금지 조약에 가입했기 때문에 핵무기를 만들 수 없어요. 우리나라가 핵무기를 만들 뜻이 없다고 아무리 이야기를 해도 미국을 비롯한 강대국들은 의심의 눈길을 보냈어요.

하지만 이제 우리나라도 미국과 공동으로 핵연료 재처리 연구를 할 수 있어요. 연구가 성공하면 고민거리였던 고준위 폐기물 처리에도 숨통이 트일 거예요.

사용 후 핵연료는 재사용이 어려워요

핵연료 재처리 기술만 성공하면 문제가 다 해결된다고 생각하는군요. 물론 사용 후 핵연료 문제를 해결하는 데 핵연료 재처리가 가장 좋은 방법이긴 해요. 하지만 현실은 그렇게 녹록치 않다고요. 대체 핵연료 재처리가 무엇인지 간단히 알아볼까요?

처음 원자로에 들어간 핵연료는 우라늄 238과 우라늄 235를 섞은 물질이에요. 우라늄 238이 약 95퍼센트, 우라늄 235가 약 5퍼센트를 차지해요.

이 핵연료에 중성자를 쏘면 우라늄 235의 원자핵이 쪼개지면서 거대한 에너지가 만들어져요. 반면 우라늄 238은 중성자를 맞아도 쪼개지지 않아요. 튕겨 내거나 꿀꺽 삼킬 뿐이죠.

중성자 하나를 꿀꺽 삼킨 우라늄 238은 다른 물질로 변신해요. 그것이 **플루토늄 239**예요. 핵연료를 재활용한다는 말은 사용한 우라늄을 플루토늄 239로 바꿔 다시 전기를 만들겠다는 뜻이에요.

문제는 이 플루토늄 239를 10킬로그램만 긁어모으면 핵폭탄 하나를 만들 수 있다는 점이에요. 미국이 오랫동안 우리나라의 핵연료 재처리를 반대한 이유도 이것 때문이었어요. 우리나라도 핵무기를 가질까 봐였죠.

하지만 플루토늄 239에 우라늄 238을 섞으면 핵무기로 사용할 수 없어요. 순수한 플루토늄이 아니기 때문에 전기를 생산하는 데만 쓸 수 있지요. 이것이 핵연료 재처리입니다.

그러나 우리나라의 원자력 발전소는 이 새로운 연료를 사용할 수 없기 때문에 문제예요. 이 연료를 사용하기 위해서는 특별한 원자력 발전소인 **고속 증식로**를 세워야 해요. 그런데 고속 증식로는 짓는 데에는 비용이 많이 들고 관리 또한 어려워요.

일본은 핵연료 재처리를 하려고 이미 1991년에 고속 증식로를 만들었어요. 하지만 고속 증식로는 1995년에 가동을 시작하자마자 폭발이 일어나 멈추었어요. 5년 만에 수리를 끝내고 간신히 2010

년에 다시 가동했지만 3개월 만에 또 사고가 일어나 중단되고 말았어요. 하지만 일본은 포기하지 않고 또 다시 고속 증식로를 고치고 있어요.

고속 증식로는 오늘날 일본의 애물단지예요. 건물을 짓는 데에만 10조 원이나 들였고, 유지하는 데 매년 1,400억 원 정도를 쏟아 부었어요. 하지만 전기를 만들지는 못했어요.

미국, 영국, 독일, 프랑스도 현재 고속 증식로를 가동했다가 멈

일본의 고속 증식로 '몬주'
사용 후 핵연료를 재활용하여 전기를 생산하는 원자로이다.
'몬주'라는 이름은 불교에서 지혜를 상징하는 부처인 문수보살을 뜻한다.

추었어요. 중국 역시 2011년 10월에 고속 증식로에서 사고가 있었지만 쉬쉬하다가 결국 탄로가 났어요.

고속 증식로는 왜 이토록 유지가 어렵고 위험한 걸까요? 현재 원자력 발전소는 물로 열을 식히지만 고속 증식로는 '소듐(나트륨)'을 사용해서 열을 식혀요. 그런데 소듐은 공기와 물을 차례로 접촉하면 폭발하는 위험한 물질이에요. 우리나라가 현재 연구하는 고속 증식로도 이 소듐 고속 증식로예요. 안전한 고속 증식로를 개발하겠다고 선언했지만 장담할 수 없지요.

게다가 연료인 플루토늄 239는 소듐보다 훨씬 위험한 물질이에요. 플루토늄이란 이름은 태양계의 명왕성에서 따왔어요. 명왕성을 영어로 플루토라고 읽는데, 우리말로 지옥의 왕, 염라대왕이란 뜻이에요. 세상에서 가장 독성이 강한 방사성 물질로 1그램만 새어 나와도 5만 명이 폐암에 걸려요. 그리고 10킬로그램만으로도 핵무기를 만들 정도로 폭발력이 높지요.

세상에서 가장 위험한 연료를 다루는 고속 증식로. 사고가 난다면 보통의 원자력 발전소에서 사고가 터졌을 때보다 피해 규모가 훨씬 더 큽니다. 과연 사용 후 핵연료의 재사용이 가능할까요?

 원자력 발전소는 안전할까, 위험할까?

우리나라 원자력 발전소는 안전해요

사람들이 원자력 발전소를 불안해하는 가장 큰 이유는 방사능 때문이에요. 후쿠시마처럼 우리나라에서도 원자력 발전소 사고가 얼마든지 일어날 수 있으니까요.

하지만 우리나라 원자력 발전소의 구조는 사고가 난 후쿠시마 원자력 발전소와 달라요. 원자력 발전소에는 비등수형과 가압형, 이렇게 두 가지가 있어요.

비등수형이란 쉽게 말해 기다란 파이프에 물을 넣고 원자력 발전소를 한 바퀴 도는 구조예요. 파이프를 타고 흐르는 물이 달궈진 원자로와 만나면 펄펄 끓어 수증기로 변해요. 이 수증기는 파이프를 타고 원자로 건물을 빠져나와 터빈을 돌려 전기를 만들어요. 이 수증기를 바닷물로 식히면 물로 변해 다시 원자로 속으로 돌아가요. 이렇게 파이프 하나로 계속 순환하는 방식이 비등수형이에요.

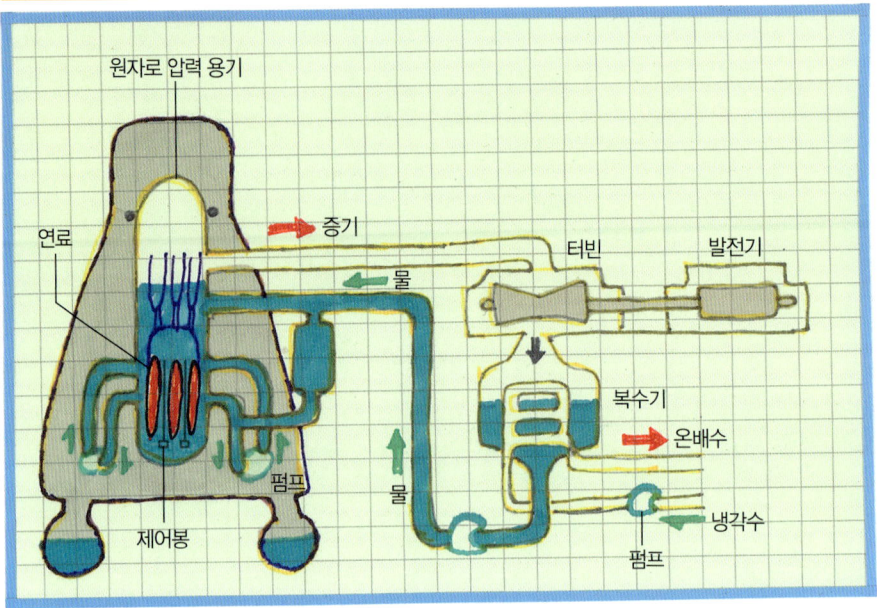

　물을 한 번만 돌리면 되니까 구조가 간단하여 건물을 짓는 데 드는 비용이 저렴해요. 대신 물이 원자로를 쉴 새 없이 들락거리기 때문에 방사능에 오염될 가능성이 높아요. 자칫 파이프에 구멍이라도 나면 방사성 물질이 새어 나갈 위험도 크고요. 사고가 났던 일본의 후쿠시마 원자력 발전소가 비등수형이었어요.

　반면 우리나라 원자력 발전소는 **가압형**이에요. 수증기로 터빈을 돌려 전기를 만드는 원리는 비등수형과 같아요. 다만 가압형은 물이 흘러 돌아가는 파이프가 두 개예요. 파이프 하나는 원자로 안에서만 빙빙 돌고, 다른 파이프는 원자로 밖에서만 돌아가요.

 파이프 하나가 원자로 안에서만 돌아가니까 물에 방사능이 섞여도 밖으로 새어 나오는 일은 없어요. 파이프가 두 개인 만큼 시설을 짓는 데 비용이 많이 들지만 그만큼 안전하지요.

 우리나라에 있는 원자력 발전소는 모두 가압형이에요. 후쿠시마 원자력 발전소보다 훨씬 튼튼하게 지어졌지요. 후쿠시마 사고 때, 핵연료를 감싼 피복재가 녹아 수소 폭발로 원자로가 무너졌어요. 만약에 우리나라 원자력 발전소의 원자로에서 수소가 발생하면 수소를 물로 바꾸는 장치가 즉시 작동해 폭발할 위험이 없어요. 또

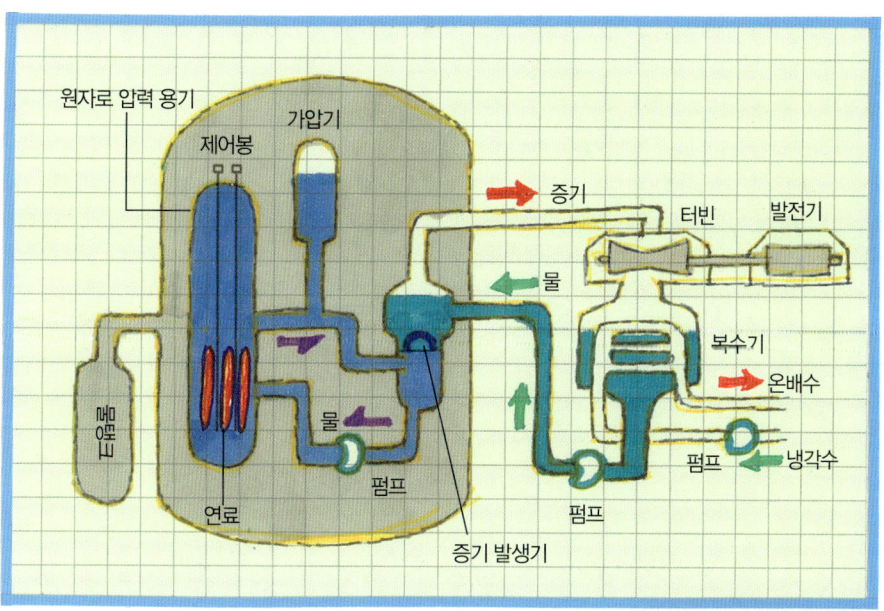

가압형 경수로(한국)

두 얼굴의 원자력 에너지 **151**

직원들이 실수를 하거나 기계가 고장이 나도 자동으로 안전을 유지하는 시설을 갖추고 있어요. 그밖에도 원자력 발전소의 현재 상황을 실시간으로 감시해요. 그래서 문제가 생겼을 때 빠르게 대응할 수 있지요.

국제 원자력 기구는 2008년에 각 나라의 원자력 발전소를 꼼꼼하게 조사했어요. 그 결과, 우리나라의 원자력 발전소는 고장 없이 안전하게 운영되고 있다는 점에서 높은 점수를 받았어요. 원자력 발전소가 많은 프랑스보다 더 안전하다고 인정받은 거예요. 그러니까 우리나라 원자력 발전소에서 사고라도 날까 봐 더 이상 불안해할 필요는 없어요. 뛰어난 기술력을 이미 검증받았으니까요. 미국 매사추세츠 공과 대학교에서 원자력 발전소의 사고 확률을 계산했대요. 번개 맞을 가능성보다 더 낮다는 비행기 사고가 일어날 확률이 약 8,000분의 1이에요. 그런데 원자력 발전소에서 사고가 날 가능성은 약 100만분의 1이었대요. 그러니까 사고가 거의 일어나지 않는다고 봐야 하는 거죠.

걱정 마세요. 원자력 발전소는 안전한 에너지입니다.

원자력 발전소는 안전하지 않아요

"원자력 발전소 사고가 날 확률은 비행기 사고보다 낮은 100만분의 1."

1975년에 미국 매사추세츠 공과 대학교가 발표한 보고서에 나온 유명한 말이에요. 정확한 표현은 '원자로의 핵연료가 녹아서 방사능이 조금이라도 나올 확률이 100만 년 만에 한 번, 이 사고로 방사능이 대량으로 새어 나갈 가능성은 10억 년에 한 번'이에요.

그런데 이 보고서가 발표되고 4년 뒤에 미국 쓰리마일 섬에서 원자력 발전소 사고가 일어났어요. 7년 뒤인 1986년에는 체르노빌 원자력 발전소 사고가, 1995년에는 일본 고속 증식로에서, 1999년에는 사용 후 핵연료를 재처리하던 일본의 공장에서 방사능이 새어 나오는 사고가 있었어요. 그리고 2011년, 후쿠시마 사고가 일어났죠. 이 외에도 사람들이 잘 모르는 사고도 많았어요.

100만분의 1이라는 말이 무색하게 36년 동안 440여 기의 원자력 발전소 가운데 7기의 원자력 발전소와 1곳의 핵연료 공장에서 대형 사고가 일어났어요. 원자력 발전소에서 사고가 일어난 뒤로 사람들은 100만분의 1을 믿지 않았어요. 현실과 다르다는 사실이 증명되었으니까요.

우리나라 원자력 발전소 관계자들은 건물이 크고 튼튼해 안전하다고 말해요. 하지만 지금까지 일어났던 원자력 발전소 사고는 건물이 아니라 사람에 의해 일어났어요.

보통 1기의 원자력 발전소에는 약 100만 개가 넘는 부품이 있어요. 우리나라 원자력 발전소에 부품을 팔던 회사가 뇌물을 주고 싸구려 부품을 건넨 사실이 2013년에 드러났어요. 회사뿐만 아니라 부품의 상태를 검사하고 승인하는 기관까지 돈을 받고 불량품을 눈감아 주었던 일까지 세상에 알려졌어요. 일본이나 미국에만 있는 줄 알았던 원전 마피아가 우리나라에도 있었다는 사실에 사람들은 큰 충격을 받았어요.

2009년에는 월성 원자력 발전소에서 사용 후 핵연료를 교체하다가 실수로 2개를 바닥에 떨어뜨린 사건이 일어났어요. 이때 새어 나온 방사능은 기준치의 1만 배인 1만 밀리시버트였어요. 하지만 월성 원자력 발전소는 이 사실을 5년이나 숨겼다가 최근에 외부에 드러나게 되었어요.
 사고를 감춘 곳은 월성 원자력 발전소만이 아니에요. 2012년에

는 고리 원자력 발전소에서 정전이 일어나 12분 동안 가동을 멈춘 일이 있었어요. 체르노빌 원자력 발전소가 정전이 일어난지 17초 만에 폭발한 것을 생각하면 대형 참사로 이어질 뻔한 일이었어요. 고리 원자력 발전소도 이 사실을 한 달 동안 감췄지만 결국 누군가의 제보로 세상에 알려졌지요.

다른 원자력 발전소는 괜찮을까요? 감춰진 사실이 또 있지 않을까요? 국민들이 원자력 발전소를 믿지 못하고 원자력 발전소의 안전을 의심하는 이유입니다.

1980년대에 소련은 체르노빌 원자력 발전소가 세계에서 가장 안전하다고 자랑했어요. 그런데 사고가 일어나자 일본은 소련을 비웃었어요.

"어떻게 그런 일이? 우리 일본에서는 상상도 못하는데."

25년 뒤, 후쿠시마 사고가 일어나자 일본은 예전에 소련이 받았던 손가락질을 받고 있어요.

안전한 원자력 발전소란 세상에 존재하지 않습니다.

그것도 알고 싶다

쓰리마일 원자력 발전소 사고

　1979년 3월 28일, 미국의 쓰리마일 섬에 있는 원자력 발전소에서 핵연료가 녹아내렸어요. 원자로를 식히는 냉각 장치가 고장 났기 때문이었어요. 우라늄 100톤이 담긴 원자로가 녹고 방사성 물질에 오염된 냉각수와 기체가 건물 밖으로 새어 나왔어요. 사고가 일어나자 미국 정부는 방사능 피해는 미미한 수준이며 사람들의 건강에도 문제가 없다고 발표했어요.

　그러나 환경 단체가 조사한 결과는 달랐어요. 쓰리마일 섬에서 키우는 젖소들의 우유에서 세슘과 요오드 수치가 높게 나왔고, 암에 걸린 사람들이 늘어났어요.

　쓰리마일 원자력 발전소 사고는 많은 사람들을 다치게 하진 않았지만 인류에게 처음으로 원자력 발전소의 위험성을 알린 계기가 되었어요. 미국은 이 사고가 일어난 뒤로 원자력 발전소를 세우지 않다가 2013년부터 다시 짓기 시작했어요.

쓰리마일 원자력 발전소

6장
내일을 위한 선택

원자력의 미래와 우리의 선택

원자력이 없는 시대

원자력을 찬성하든 반대하든 우리는 슬슬 원자력과 이별할 준비를 해야 해요. 원자력의 연료인 우라늄이 빠르게 줄고 있거든요.

우라늄이 언제 사라질지에 대해서는 학자들마다 의견이 달라요. 가장 유력한 의견에 따르면 현재 인류가 캐내는 속도와 사용량을 계산해 봤을 때 50~80년 동안 쓸 수 있을 정도만 남았다고 해요.

이 글을 쓰는 저는 관계없지만 이 책을 읽는 여러분과 여러분의 아이들은 우라늄이 없는 시대를 살아야 할지도 몰라요.

고속 증식로가 멋지게 성공한다면 사용 후 핵연료를 재처리하여 3,000년은 더 쓸 수 있겠지요. 하지만 모든 것은 재처리 기술이 완벽히 성공해야 알 수 있어요. 만일 뾰족한 해결책이 나오지 않는다면, 고속 증식로를 사용할 수 없다면, 우리는 어떻게 해야 할까요?

유비무환. 지금부터 원자력이 없는 시대를 대비해야 해요.

신재생 에너지의 개발

가장 시급한 일은 원자력을 대신할 에너지를 찾는 일이에요. 원자력을 대신할 에너지라, 그런 게 있을까요? 석유와 천연가스는 비싸고, 석탄은 온실가스를 내뿜어 환경을 오염시켜요. 많은 사람들이 제4의 에너지로 신재생 에너지를 추천하고 있어요.

신재생 에너지는 석탄, 석유, 천연가스나 원자력이 아닌 신에너지와 재생 에너지를 합친 말이에요. **신에너지**는 과거에는 석탄, 석유 같은 화석 연료를 대신해 사용하는 에너지를 뜻했어요. 그러나 오늘날에는 수소와 산소의 화학 반응을 이용해 얻는 에너지, 수소의 폭발력을 이용하거나 수소를 분해하여 에너지로 활용하는 수소 에너지 등을 일컬어요. **재생 에너지**는 태양, 지열, 조력, 파도처럼 자연계에 존재하면서 계속 써도 다시 공급되는 에너지를 말해요.

후쿠시마 원자력 발전소 사고가 일어난 뒤로 세계는 신재생 에너지에 눈길을 쏟고 있어요. 원자력과 함께 화석 연료의 사용을 점차 줄이려는 계획을 잇달아 발표하고 있지요. 스페인은 신재생 에너지로만 전체 전력의 절반을 만들고, 중국과 일본도 잇달아 신재생 에너지의 비율을 높이겠다고 선언했어요.

세계의 신재생 에너지 산업은 매년 25퍼센트 넘게 성장하고 있어요. 가장 비싸다고 알려졌던 태양광 발전도 빠르게 가격이 떨어

태양광 에너지
포르투갈에 설치된 태양광 발전소. 패널을 설치하여 빛 에너지를 전기 에너지로 바꾸어 준다.

풍력 에너지
경기도 안산시의 누에섬에 세워진 풍력 발전기. 바람이 많이 부는 곳에 설치하며, 풍력 발전기의 날개를 회전시켜 전기를 만든다.

조력 에너지
경기도 안산시의 시화방조제에 세워진 조력 발전소. 밀물과 썰물의 차이를 이용해 전기를 만든다.

바이오 에너지
미국에 설치된 바이오 에너지 시설. 바이오 에너지는 쓰레기나 동식물에게 나온 폐기물을 에너지 원료로 사용한다.

지고 있지요. 미국에서 발표한 자료에 의하면 태양광 발전 비용은 이미 원자력 에너지보다 저렴해졌다고 해요. 세계에서 가장 많은 에너지를 사용하는 중국도 최근에 적극적으로 신재생 에너지에 투자하고 있어요.

독일이 2011년에 탈핵을 선언한 것은 그동안 꾸준히 투자를 해 왔던 신재생 에너지가 결실을 보이고 있기 때문이에요. 독일은 이미 신재생 에너지 비율이 23퍼센트로, 전력 생산의 7퍼센트를 차지하는 원자력을 앞서갔어요. 미국, 영국, 일본도 빠르게 신재생 에너지 비율을 늘리고 있지요.

세계가 앞다퉈 신재생 에너지를 열심히 개발하는 동안 우리나라는 원자력 발전소 숫자를 늘리는 데 힘을 쏟았어요. 원자력 발전소가 전체 전력 생산의 25퍼센트를 차지하는 것에 비해 신재생 에너지는 고작 3퍼센트의 전력 생산을 담당하고 있는 상황이지요.

앞으로도 우리나라는 계속해서 원자력 발전소를 늘릴 계획이에요. 현재 계획대로라면 2042년 즈음, 우리나라는 42개의 원자력 발전소를 갖게 되지요. 특정 에너지의 의존도가 높아질수록 다른 대안을 찾기는 점점 어려워져요. 54개의 원전을 가진 일본이 원전 폐쇄를 선언했다가 바로 말을 바꿨던 것처럼 말이죠.

우리는 어떤 선택을 해야 할까?

지난 30년간, 원자력은 우리나라 경제가 발전하는 데 큰 공헌을

했어요. 국민들이 값싼 전기를 마음껏 쓸 수 있었던 것도 원자력이 공헌한 바가 크지요.

하지만 원자력은 두 얼굴을 가진 에너지예요. 장점도 많지만 단점도 많지요. 시간이 지날수록 노후화된 원자력 발전소는 점차 늘어날 거예요. 게다가 앞서 이야기했듯 우리나라는 세계에서 원자력 발전소가 가장 오밀조밀하게 모여 있는 나라예요. 후쿠시마나 체르노빌 같은 사고가 우리나라에서는 절대로 일어나지 않을 거라고 장담할 수 없어요.

독일과 스위스는 탈핵을 선택했어요. 탈핵을 선택한다고 해서 모든 원자력 발전소를 한꺼번에 폐쇄하지는 않아요. 폐쇄하는 데에도 높은 기술력과 많은 돈이 필요하거든요. 전기가 부족해져 사회에 혼란이 일어날 수도 있고요. 그래서 이미 사용하고 있는 원자력 발전소는 예정된 수명까지만 가동하기로 했고, 앞으로 원자력 발전소는 더 이상 짓지 않기로 했어요. 수십 년이 지나면 이 두 나라에서 원자력 발전소는 그저 흔적만 남아 있겠죠.

그렇다면 우리는 이제 어떤 선택을 해야 할까요? 우리의 선택이 우리 후손들에게 재앙이 되지는 않을까요?

우리의 현재, 그리고 미래가 여러분의 선택에 달려 있습니다.

참조한 문헌

한국원자력문화재단 편집부, 《알기 쉬운 방사선 이야기》, 한국원자력문화재단, 1998
헤이즐 리처드슨, 《어떻게 원자를 쪼갤까?》, 사이언스북스, 1999
이필렬, 《에너지 전환의 현장을 찾아서》, 궁리출판, 2001
신부용, 《대안 없는 대안, 원자력 발전》, 생각의 나무, 2005
박창규, 《깨끗한 에너지 원자력 세상》, 랜덤하우스중앙, 2007
헬렌 칼디코트, 《원자력은 아니다》, 양문, 2007
김성호, 《검은 눈물, 석유》, 미래아이, 2008
이은철, 《원자력이 궁금해요》, 상수리, 2009
톰 졸너, 《세상을 바꾼 돌멩이, 우라늄》 주영사, 2010
하미나 외, 《내 가족을 지키는 방사능 상식 사전》, 21세기북스, 2011
윤창주, 《과학 선생님이 들려주는 원자력과 방사능 이야기》, 일진사, 2012
정남구, 《잃어버린 후쿠시마의 봄》, 시대의창, 2012
정욱식, 《핵의 세계사》, 아카이브, 2012
현대경제연구원 보고서 〈원전의 드러나지 않는 비용〉, 2012
김익중, 《한국탈핵》 한티재, 2013
오시카 야스아키, 《멜트다운》, 양철북, 2013
이강후, 《화석 에너지의 종말, 신재생 에너지의 탄생》, 코리아프린테크, 2013
김정욱 외, 《탈핵 학교》, 반비, 2014
장바티스트 드 파나피외, 《원자력이 아니면 촛불을 켜야 할까?》, 내인생의 책, 2014
중앙대학교 에너지시스템 공학부, 《원자력 지식 충전소》, 동아출판, 2014
후나바시 요이치, 《후쿠시마 원전 대재앙의 진상(상, 하)》, 기파랑, 2014

☢ 참조한 동영상

독일(2DF), 〈후쿠시마의 거짓말〉
내셔널지오그래픽, 〈사상 최악의 참사, 후쿠시마 원전 사고〉
SBS스페셜, 〈죽음의 습격자, 후쿠시마발 방사능 공포〉
MBC 다큐프라임, 〈미래에게 말을 걸다, 원자력 세대의 선택〉
YTN사이언스, 〈원자력 발전소의 오해와 진실〉
EBS 하나뿐인 지구, 〈원전과 생존, 후쿠시마를 가다〉
KBS1 과학카페, 〈원자력, 그 도전과 응전의 역사(1부)〉
최진기의 인문학 특강, 〈원자력은 정말 값싼 연료인가〉
소비자TV, 〈한국은 원자력 발전을 중지해야 한다(디베이트 13회)〉
TED, 〈원자력 에너지, 과연 필요한가?〉
TED, 〈재생 에너지의 잃어버린 연결고리〉
팟캐스트, 〈저공비행 6화〉
팟캐스트, 〈노유진의 정치카페 11편, 24편〉
KBS2 추적 60분, 〈원전과의 불편한 동거〉

| 사진 제공 |

19쪽 후쿠시마_연합뉴스 | 28쪽 고리 원자력 발전소_연합뉴스 | 28쪽 월성 원자력 발전소_위키미디어(ChNPP) | 79쪽 밀양 송전탑_한겨레신문 | 87쪽 체르노빌_DUSTIN HURD | 115쪽 원자력 발전소 수조_연합뉴스 | 119쪽 경주 방폐장_연합뉴스 | 121쪽 온칼로 내부_posiva | 147쪽 몬주 고속 증식로_위키미디어(Nife) | 157쪽 쓰리마일 원자력 발전소_위키미디어(theclio) | 163쪽 태양광 에너지_위키미디어(Szajci) | 163쪽 풍력 에너지_위키미디어(Namoroka) | 163쪽 조력 에너지_연합뉴스 | 163쪽 바이오 에너지_플리커(gknott63)

너랑 나랑 더불어 학교-원자력
두 얼굴의 에너지, 원자력

초판 발행 _ 2016년 8월 30일
초판 8쇄 발행 _ 2024년 6월 1일

글쓴이 _ 김성호
그린이 _ 전진경
발행인 _ 이종원
발행처 _ 길벗스쿨
출판사 등록일 _ 2006년 6월 16일
주소 _ 서울시 마포구 월드컵로 10길 56(서교동)
대표전화 _ (02)332-0931 / 팩스 _ (02)322-3895
홈페이지 _ school.gilbut.co.kr / 이메일 _ gilbut@gilbut.co.kr

기획 및 책임편집 _ 김언수 / 편집진행 _ 박수선 / 제작 _ 이준호, 손일순, 이진혁
영업유통 _ 진창섭 / 마케팅 _ 지하영 / 영업관리 _ 정경화 / 독자지원 _ 윤정아
디자인 _ 디자인 나비 / CTP출력 및 인쇄 _ 영림인쇄

ⓒ 김성호, 전진경 2016

* 잘못 만든 책은 구입한 서점에서 바꿔 드립니다.
* 이 책은 저작권법에 따라 보호받는 저작물이므로 무단전재와 무단복제를 금합니다. 이 책의 전부 또는 일부를 이용하려면 반드시 사전에 저작권자와 길벗스쿨의 서면 동의를 받아야 합니다.

ISBN 978-89-6222-938-7 (73500)
　　(길벗스쿨 도서번호 200431)

독자의 1초까지 아껴주는 정성 길벗출판사

(주)도서출판 길벗 IT실용서, IT/일반 수험서, IT전문서, 경제실용서, 취미실용서, 건강실용서, 자녀교육서
더퀘스트 인문교양서, 비즈니스서
길벗이지톡 어학단행본, 어학수험서
길벗스쿨 국어학습서, 수학학습서, 유아학습서, 어학학습서, 어린이교양서, 교과서